改訂版
ステップアップ
対話で楽しむ　中国語

葉　　紅　著
飯島　啓子

駿河台出版社

音声について

本書の音声は、下記サイトより無料でダウンロード、
およびストリーミングでお聴きいただけます。

https://stream.e-surugadai.com/books/isbn978-4-411-03170-9/

＊ご注意
・PC からでも、iPhone や Android のスマートフォンからでも音声を再生いただけます。
・音声は何度でもダウンロード・再生いただくことができます。
・当音声ファイルのデータにかかる著作権・その他の権利は駿河台出版社に帰属します。
　無断での複製・公衆送信・転載は禁止されています。

表紙・本文イラスト：飯島明佳

まえがき

　本テキストは、ある程度中国語の基礎を勉強した学習者向けの教材です。

　各課は本文の会話、新出語句、ポイントと練習問題というシンプルな構成になっています。練習問題では中国語検定試験等に対応できるよう、単語を並べ替えて文を作る部分と、ブランクに適切な語句を書き入れる問題や和文中訳を配置しました。巻頭の第0課は、これまで習得した内容を復習し、新しい勉強に入るステップになるようにまとめてあります。ウォーミングアップとして適宜使えるように工夫しました。

　本テキストの最大の特徴は、会話の場面を日本に設定したことです。昨今では海外留学が一昔前に比べ、非常に行きやすく身近になりましたが、それでもほとんどの学習者は日本で勉強しています。日本にいながら、毎日の生活で実際に使えるように学生たちの日常を再現してみました。自分の近所にもいそうな大学生が留学生との出会いをきっかけに、そこから始まる友人との付き合いを描いたのが全編を通してのストーリーです。日常生活が自然な会話によって展開され、その話題は中日両国の文化の違いであったり、国が違っても若者の関心事が共通であったりします。すべての内容を物語の中に織りこみ、学習者を飽きさせないように登場人物と共に会話を楽しみながら、一年間学んでいけるようにしました。

　テキストを作る上で、二番目に心がけたのはいわゆる典型的な文法学習のパターンに縛られず、ナチュラルな表現にこだわったことです。コミュニケーション力を優先し、言葉というツールを通して相手を知ることを考えた場合、表現のパターンを学ぶことが重要で、効果的だと考えます。そのため、本テキストは中級レベルの表現を類似の言い回しで示してあります。複数の例に接することによって、中国語で表現するならこのように言うという推測が働きます。言ってみれば中国語の思考回路を作るところにこのテキストの狙いがあります。各課のポイントを全て学べば、学生自身でほぼ全文を理解できる仕組みになっています。

　さらに、教授用資料にドリルをつけてありますので、状況に応じて使っていただけます。

　本書を採用してくださる諸先生方に、この場をお借りして、お礼を申し上げるとともに、ご指摘を承りたいと存じます。

　本書の出版に際し、飯島明佳さんに会話のヒントにもなる素敵なイラストを描いていただき、また、駿河台出版社の井田洋二社長に多大なご尽力をいただきました。ここに記して、心より御礼を申し上げます。

2012年7月

著　者

目　　　次

第 〇 課　ウォーミングアップ ……………………………… 6

第 一 課　你是从中国来的吗? ……………………………… 8

第 二 課　我想买个手机 ………………………………… 12

第 三 課　日本的生活习惯了吗? …………………………… 16

第 四 課　你太客气了 …………………………………… 20

第 五 課　谢谢你的盛情款待 ……………………………… 24

第 六 課　我得去打工 …………………………………… 28

第 七 課　真羡慕你 ……………………………………… 32

第 八 課　暑假有什么打算吗? …………………………… 36

第 九 課　你在忙什么呢? ………………………………… 40

第 十 課　学生比平时多得多 ……………………………… 44

第十一課　怎么吃面条啊? ………………………………… 48

第十二課　我明白了 ……………………………………… 52

第十三課　我感冒了 ……………………………………… 56

第十四課　等考完期末考试再去 …………………………… 60

第十五課　时间过得真快啊 ……………………………… 64

単語索引 ……………………………………… 68

第〇課　ウォーミングアップ

1 「想」と「得」

我想去游泳。　　Wǒ xiǎng qù yóuyǒng.

她得去医院。　　Tā děi qù yīyuàn.

我不用打扫。　　Wǒ búyòng dǎsǎo.

你应该来。　　　Nǐ yīnggāi lái.

2 「教」

老师教我们汉语。　　Lǎoshī jiāo wǒmen Hànyǔ.

3 「又」と「再」

你怎么又来了?　　　Nǐ zěnme yòu lái le?

我想再喝一杯咖啡。　Wǒ xiǎng zài hē yì bēi kāfēi.

4 禁止と存現文

吃饭时别看电视。　　Chī fàn shí bié kàn diànshì.

我们班来了一个新同学。　Wǒmen bān lái le yí ge xīn tóngxué.

5 動作、行為の量

伊藤学了三年汉语。　　Yīténg xué le sān nián Hànyǔ.

她去过两次北京。　　　Tā qùguo liǎng cì Běijīng.

早饭我吃了一个汉堡包。　Zǎofàn wǒ chī le yí ge hànbǎobāo.

6 さまざまな補語

晚饭做好了。 Wǎnfàn zuòhǎo le.

她打来一个电话。 Tā dǎ lai yí ge diànhuà.

你看得懂中文电影吗？ Nǐ kàn de dǒng Zhōngwén diànyǐng ma?

—— 我看得懂。／我看不懂。 Wǒ kàn de dǒng. / Wǒ kàn bu dǒng.

7 「是～的」構文

她是在中国生的。 Tā shì zài Zhōngguó shēng de.

8 比較の文

我比我妹妹高。 Wǒ bǐ wǒ mèimei gāo.

弟弟比我小 3 岁。 Dìdi bǐ wǒ xiǎo sān suì.

今天比昨天更冷。 Jīntiān bǐ zuótiān gèng lěng.

9 「把」と受身、使役の文

我把面包吃完了。 Wǒ bǎ miànbāo chīwán le.

雨伞被忘在电车上了。 Yǔsǎn bèi wàng zài diànchē shang le.

老师让学生回答问题。 Lǎoshī ràng xuésheng huídá wèntí.

10 文型

虽然没课，但是我还是来了。 Suīrán méi kè, dànshì wǒ háishì lái le.

这个问题，连小孩子也能回答。 Zhèi ge wèntí, liáng xiǎo háizi yě néng huídá.

11 「才」と「就」

我昨天 12 点才睡觉。 Wǒ zuótiān shí'èr diǎn cái shuì jiào.

我昨天 10 点就睡觉了。 Wǒ zuótiān shí diǎn jiù shuì jiào le.

第一课　你是从中国来的吗？
Nǐ shì cóng Zhōngguó lái de ma?

松本惠美　　请问，你是从中国来的吗？
　　　　　　Qǐngwèn, nǐ shì cóng Zhōngguó lái de ma?

王佳雪　　　是啊，你是……？
　　　　　　Shì a, nǐ shì……?

松本　　　　我姓松本，我在大学学汉语。
　　　　　　Wǒ xìng Sōngběn, wǒ zài dàxué xué Hànyǔ.

王　　　　　你好！你的汉语说得真不错。
　　　　　　Nǐ hǎo! Nǐ de Hànyǔ shuō de zhēn búcuò.

松本　　　　哪里哪里，我还不行。
　　　　　　Nǎli nǎli, wǒ hái bùxíng.

王　　　　　我是中国留学生，我姓王，叫王佳雪。
　　　　　　Wǒ shì Zhōngguó liúxuéshēng, wǒ xìng Wáng, jiào Wáng Jiāxuě.

松本　　　　认识你很高兴。
　　　　　　Rènshi nǐ hěn gāoxìng.

王　　　　　我也很高兴。咱们交个朋友吧。
　　　　　　Wǒ yě hěn gāoxìng. Zánmen jiāo ge péngyou ba.

松本　　　　好啊！以后我教你日语，你教我汉语，怎么样？
　　　　　　Hǎo a! Yǐhòu wǒ jiāo nǐ Rìyǔ, nǐ jiāo wǒ Hànyǔ, zěnmeyàng?

王　　　　　当然好啊，请多关照！
　　　　　　Dāngrán hǎo a, qǐng duō guānzhào!

 新出語句

从 cóng　〜から
真不错 zhēn búcuò　なかなか上手だ
哪里哪里 nǎli nǎli　とんでもない（褒められた時に返事する言葉）
不行 bùxíng　ダメだ、役に立たない
认识 rènshi　知り合う
高兴 gāoxìng　うれしい
交朋友 jiāo péngyou　友達になる、友達を作る
以后 yǐhòu　これから、今後
教 jiāo　教える
请多关照 qǐng duō guānzhào　宜しくお願いします
便利店 biànlì diàn　コンビニ
坐 zuò　乗る、座る
地铁 dìtiě　地下鉄
背 bèi　暗誦する、暗記する
流利 liúlì　流暢だ

快哭了 kuài kū le　泣きそうになる
唱 chàng　歌う
京剧 jīngjù　京劇
喝 hē　飲む
杯 bēi　（液体の量を数える）杯
场 chǎng　（試合などを数える）回
足球比赛 zúqiú bǐsài　サッカーの試合
顿 dùn　（食事などを数える）回
中餐 zhōngcān　中華料理
还 huán　返す、返却する
圆珠笔 yuánzhūbǐ　ボールペン
送 sòng　あげる、プレゼントする
会话 huìhuà　会話
电影 diànyǐng　映画
首 shǒu　（歌などを数える）曲

第 1 課　9

1 你是从中国来的吗？／あなたは中国から来たのですか。

① 这是在便利店买的吗？　Zhè shì zài biànlì diàn mǎi de ma?

② 我们是在大学认识的。　Wǒmen shì zài dàxué rènshi de.

③ 我今天不是坐地铁来的。　Wǒ jīntiān bú shì zuò dìtiě lái de.

2 你的汉语说得真不错。／あなたの中国語はなかなか上手ですね。

① 她背得非常流利。　Tā bèi de fēicháng liúlì.

② 他高兴得快哭了。　Tā gāoxìng de kuài kū le.

③ 她唱京剧唱得非常好。　Tā chàng jīngjù chàng de fēicháng hǎo.

3 我们交个朋友吧。／私たちは友達になりましょう。

① 一起喝杯茶吧。　Yìqǐ hē bēi chá ba.

② 咱们看场足球比赛吧。　Zánmen kàn chǎng zúqiú bǐsài ba.

③ 我们吃顿中餐吧。　Wǒmen chī dùn zhōngcān ba.

4 我教你日语，你教我汉语，怎么样？／日本語を教えてあげるから、中国語を教えてくれませんか。

① 他还我圆珠笔了。　Tā huán wǒ yuánzhūbǐ le.

② 我想送他两本书。　Wǒ xiǎng sòng tā liǎng běn shū.

③ 王老师教我们汉语会话。　Wáng lǎoshī jiāo wǒmen Hànyǔ huìhuà.

 練習問題

1 日本語の意味に合うように単語を並べ替えて、文を完成させなさい。

① 私は大学で中国語を習ったのです。
（我　在大学　学的　是　汉语）

② 私たちは映画を見ましょう。
（咱们　场　电影　看　吧）

③ 先生は私たちに中国語を教えます。
（我们　老师　教　汉语）

④ 彼は書くのがなかなか上手です。
（他　真　写　得　不错）

2 与えられた言葉から一つ選んで、穴埋めしなさい。

① 松本（　　　）在大学认识王佳雪的。
（了　也　是　没）

② 他说（　　　）非常流利。
（得　不　没　是）

③ 大家一起唱（　　　）歌吧。
（首　曲　你　不）

④ 我（　　　）你唱京剧吧。
（告诉　学　教　没）

3 中国語に訳しなさい。

① よろしくお願いします。

② あなたと知り合えて嬉しいです。

③ あなたの日本語はなかなか上手ですね。

④ あなたは上海から来たのですか。

第 1 課　11

第二课　我想买个手机
Wǒ xiǎng mǎi ge shǒujī

王　　　我 想 买 个 手机，没 手机 真 不 方便。
　　　　Wǒ xiǎng mǎi ge shǒujī, méi shǒujī zhēn bù fāngbiàn.

松本　　现在 日本 的 年轻人 差不多 都 有 手机。
　　　　Xiànzài Rìběn de niánqīngrén chàbuduō dōu yǒu shǒujī.

王　　　中国 也 一样。我 从 初中 就 开始 用 手机 了。
　　　　Zhōngguó yě yíyàng. Wǒ cóng chūzhōng jiù kāishǐ yòng shǒujī le.

松本　　那 你 快点儿 买 一 个 吧。
　　　　Nà nǐ kuàidiǎnr mǎi yí ge ba.

王　　　你 能 陪 我 一起 去 吗?
　　　　Nǐ néng péi wǒ yìqǐ qù ma?

松本　　没 问题，你 打算 什么 时候 去?
　　　　Méi wèntí, nǐ dǎsuan shénme shíhou qù?

王　　　这个 星期六 怎么样?
　　　　Zhèige xīngqī liù zěnmeyàng?

松本　　我 星期六 有 课外 活动，星期天 没 事儿。
　　　　Wǒ xīngqī liù yǒu kèwài huódòng, xīngqī tiān méi shìr.

王　　　那就 星期天 吧。我 上午 十 点 在 校 门口 等 你。
　　　　Nà jiù xīngqī tiān ba. Wǒ shàngwǔ shí diǎn zài xiào ménkǒu děng nǐ.

松本　　行，不见不散。
　　　　Xíng, bújiànbúsàn.

12

 新出語句

手机 shǒujī　ケータイ
方便 fāngbiàn　便利だ
年轻人 niánqīng rén　若者
差不多 chàbuduō　ほとんど
一样 yíyàng　同じ
初中 chūzhōng　中学校
就 jiù　①すでに、もう　②（強調を表す）ほかでもない、絶対に
开始 kāishǐ　～し始める
用 yòng　使う、使用する
快点儿 kuàidiǎnr　早く、急いで
陪 péi　付き合う
没问题 méi wèntí　問題ない、いいとも
打算 dǎsuan　つもり、予定
课外活动 kèwài huódòng　部活
事儿 shìr　用事、用件、こと
校门口 xiào ménkǒu　学校の入り口
等 děng　待つ
行 xíng　よろしい

不见不散 bújiànbúsàn　（待ち合わせの時に）互いに会うまで待つこと
起床 qǐ chuáng　起きる
识字 shí zì　読み書きを覚える
帮 bāng　手伝う、代わりに
占位子 zhàn wèizi　席を取る
带 dài　連れる
趟 tàng　（行き帰りを数える）回
件 jiàn　①（上着を数える）枚、着　②用件、事柄を数える
T恤衫 T xùshān　Tシャツ
尝 cháng　味見をする
写作业 xiě zuòyè　宿題をする
烤肉店 kǎoròu diàn　焼肉店
快餐店 kuàicān diàn　ファーストフード店
弹钢琴 tán gāngqín　ピアノを弾く
买东西 mǎi dōngxi　買い物をする
大衣 dàyī　コート
车站 chēzhàn　駅、バス停

第2課　13

1 **我从初中就开始用手机了。**／私は中学からもう携帯を使いはじめました。

　① 我今天六点**就**起床**了**。　　Wǒ jīntiān liù diǎn jiù qǐ chuáng le.

　② 他五岁**就**开始识字**了**。　　Tā wǔ suì jiù kāishǐ shí zì le.

　③ 她七点半**就**来**了**。　　Tā qī diǎn bàn jiù lái le.

2 **你能陪我一起去吗？**／いっしょについてくれませんか。

　① 你**能**陪我去医院**吗**？　　Nǐ néng péi wǒ qù yīyuàn ma?

　② 你**能**帮我占位子**吗**？　　Nǐ néng bāng wǒ zhàn wèizi ma?

　③ 你**能**带我去一趟新宿**吗**？　　Nǐ néng dài wǒ qù yí tàng Xīnsù ma?

3 **那就星期天吧。**／では、日曜日にしましょう。

　① 那**就**买一个**吧**。　　Nà jiù mǎi yí ge ba.

　② 那**就**要这件T恤衫**吧**。　　Nà jiù yào zhèi jiàn T xùshān ba.

　③ 那**就**尝尝**吧**。　　Nà jiù chángchang ba.

4 **我上午十点在校门口等你。**／午前十時に学校の入り口で待っています。

　① 她晚上**在**图书馆写**作业**。　　Tā wǎnshang zài túshūguǎn xiě zuòyè.

　② 我们星期五**在**烤肉店**吃饭**。　　Wǒmen xīngqī wǔ zài kǎoròu diàn chī fàn.

　③ 我早上**在**快餐店**打工**。　　Wǒ zǎoshang zài kuàicān diàn dǎ gōng.

 練習問題

1 日本語の意味に合うように単語を並べ替えて、文を完成させなさい。

❶ 彼女は5歳からピアノを習い始めた。
（她　学习　弹钢琴　从　就　五岁　开始　了）
_____

❷ 買い物についていてくれますか。
（你　能　吗　我　陪　去　买东西）
_____

❸ では、このコートにします。
（那　吧　买　这件　就　大衣）
_____

❹ 私は9時半に駅であなたを待っています。
（我　九点半　车站　在　等你）
_____

2 与えられた言葉から一つ選んで、穴埋めしなさい。

❶ 我昨天晚上（　　　）准备好了。
（没　在　可　就）
❷ 那（　　　）休息休息吧。休息：休む
（不　没　可　就）
❸ 你能带（　　　）去银行吗？银行：銀行
（我　你们　谁　哪儿）
❹ 我们（　　　）星巴克见面。星巴克：スターバックス
（前　后　在　对）

3 中国語に訳しなさい。

❶ 私たちは中学からもう英語を学びはじめました。
_____

❷ いっしょについていてくれますか。
_____

❸ では、土曜日の午後にしましょう。
_____

❹ 学生たちは学校の入り口で先生を待ちます。
_____

第三課　日本的生活习惯了吗？
Rìběn de shēnghuó xíguàn le ma?

松本　佳雪，日本的生活习惯了吗？
　　　Jiāxuě, Rìběn de shēnghuó xíguàn le ma?

王　　基本上习惯了。
　　　Jīběnshang xíguàn le.

松本　生鱼片和寿司也能吃了吗？
　　　Shēngyúpiàn hé shòusī yě néng chī le ma?

王　　不仅能吃，而且还觉得挺好吃呢。
　　　Bùjǐn néng chī, érqiě hái juéde tǐng hǎochī ne.

松本　你太棒了！你经常坐电车出门儿吗？
　　　Nǐ tài bàng le! Nǐ jīngcháng zuò diànchē chū ménr ma?

王　　我住在大学宿舍，有时也出门儿，但不常坐电车。
　　　Wǒ zhù zài dàxué sùshè, yǒushí yě chū ménr, dàn bù cháng zuò diànchē.

松本　如果有什么困难就告诉我，千万别客气。
　　　Rúguǒ yǒu shénme kùnnan jiù gàosu wǒ, qiānwàn bié kèqi.

王　　谢谢！那我现在就想求你一件事儿，行吗？
　　　Xièxie! Nà wǒ xiànzài jiù xiǎng qiú nǐ yí jiàn shìr, xíng ma?

松本　行啊，是什么事儿？
　　　Xíng a, shì shénme shìr?

王　　我想到日本人的家里去看看。
　　　Wǒ xiǎng dào Rìběnrén de jiā li qù kànkan.

 新出語句

习惯 xíguàn 慣れる
基本上 jīběnshang 基本的、ほとんど
生鱼片 shēngyúpiàn 刺身
寿司 shòusī 寿司
不仅～而且 bùjǐn～érqiě～ ～だけでなく、しかも（その上）～
觉得 juéde 思う、感じる
挺 tǐng けっこう
棒 bàng 素晴らしい
经常 jīngcháng よく、常々
电车 diànchē 電車
出门儿 chū ménr 出かける
宿舍 sùshè 宿舎
有时 yǒushí 時には、時々

但 dàn しかし、けれども
如果～就 rúguǒ～jiù もし～ならば～だ
困难 kùnnan 困難、困ること
告诉 gàosu 知らせる、伝える
千万 qiānwàn くれぐれも
别 bié ～しないで
客气 kèqi 遠慮する、気を遣う
求 qiú 頼む
到 dào ～へ行く・来る
法语 Fǎyǔ フランス語
改天 gǎitiān 後日、日を改める
勉强 miǎnqiǎng 無理する
打扰 dǎrǎo 邪魔をする
寄 jì 郵送する

第3課 17

1 不仅能吃，而且还觉得挺好吃。/ 食べられるだけではなく、けっこう美味しいと思います。

① 学生们**不仅**学习，**而且**还打工。　　Xuésheng men bùjǐn xuéxí, érqiě hái dǎ gōng.

② 她**不仅**会说英语，**而且**还会说法语。　　Tā bùjǐn huì shuō Yīngyǔ, érqiě hái huì shuō Fǎyǔ.

③ **不仅**没有电脑，**而且**没有手机。　　Bùjǐn méiyǒu diànnǎo, érqiě méiyǒu shǒujī.

2 如果有什么困难就告诉我。/ もし、何か困ったことがあったら、言ってください。

① **如果**明天天气不好，我们**就**改天去吧。
Rúguǒ míngtiān tiānqì bù hǎo, wǒmen jiù gǎitiān qù ba.

② **如果**你不喜欢，**就**别勉强。　　Rúguǒ nǐ bù xǐhuan, jiù bié miǎnqiǎng.

③ **如果**明天还不好，你就去医院吧。　　Rúguǒ míngtiān hái bù hǎo, nǐ jiù qù yīyuàn ba.

3 现在我就想求你一件事儿，行吗？/ いまから一つお願いしてもいいですか。

① 我用用你的圆珠笔，**行吗？**　　Wǒ yòngyong nǐ de yuánzhūbǐ, xíng ma?

② 我打扰一下儿，**行吗？**　　Wǒ dǎrǎo yíxiàr, xíng ma?

③ 这封信帮我寄一下儿，**行吗？**　　Zhèi fēng xìn bāng wǒ jì yíxiàr, xíng ma?

4 到日本人家去看看。/ 日本人の家庭に行って（見て）みたいです。

① 我们下星期要**到**京都**去**。　　Wǒmen xià xīngqī yào dào Jīngdū qù.

② 我想夏天**到**北海道**去**旅行。　　Wǒ xiǎng xiàtiān dào Běihǎidào qù lǚxíng.

③ 咱们**到**烤肉店**去**吃饭吧。　　Zánmen dào kǎoròu diàn qù chī fàn ba.

 練習問題

1　日本語の意味に合うように単語を並べ替えて、文を完成させなさい。

① 彼女は夏休みに雲南に旅行に行きます。
（她　暑假　云南　到　旅行　去）
_____

② もし来るなら、私にメールをください。
（如果　你　短信　来　给我　就　发一个）
_____

③ 暑いばかりではなく、その上、雨が降りません。
（不仅　不　而且　很热　下雨）
_____

④ あなたの携帯を使ってみても良いですか。
（我　行吗　用　你的　一下儿　手机）
_____

2　与えられた言葉から一つ選んで、穴埋めしなさい。

① 朋友星期天（　　　）我家来玩儿。
（来　不　没　到）
② （　　　）你喜欢，就给你吧。
（不仅　如果　这　哪）
③ 她不仅会唱歌，（　　　）还会弹钢琴。
（可以　会　就　而且）
④ 我想（　　　）中国去留学。
（到　去　来　走）

3　中国語に訳しなさい。

① 食べられるばかりではなく、非常に好きです。
_____

② もし遅すぎたら、私に電話をかけてください。
_____

③ 私は京都に行ってみたいです。
_____

④ あなたの本を使っても良いですか。
_____

第四課　你太客气了
Nǐ tài kèqi le

松本美代　　欢迎。 来， 快　请　进。
　　　　　　Huānyíng. Lái, kuài qǐng jìn.

松本　　　　妈妈， 她 就 是 王　佳雪， 我 的 好　朋友。
　　　　　　Māma, tā jiù shì Wáng Jiāxuě, wǒ de hǎo péngyou.

王　　　　　阿姨， 您　好。
　　　　　　Āyí, nín hǎo.

松本　　　　咱们　俩 到 我 的 屋子 去。对了，你 得　先　脱 鞋。
　　　　　　Zánmen liǎ dào wǒ de wūzi qù. Duìle, nǐ děi xiān tuō xié.

王　　　　　在 这儿 脱　吗?
　　　　　　Zài zhèr tuō ma?

松本　　　　对， 这 是 日本 的 习惯，进 了 家 门儿 都　要　脱 鞋。
　　　　　　Duì, zhè shì Rìběn de xíguàn, jìn le jiā ménr dōu yào tuō xié.

（お部屋の中で、二人は談笑している）

松本美代　　我 把 点心 和 茶　放在 这儿， 你们　慢慢儿　聊 吧。
　　　　　　Wǒ bǎ diǎnxin hé chá fàngzài zhèr, nǐmen mànmānr liáo ba.

王　　　　　谢谢 您。我 差点儿　忘 了。阿姨， 这 是　中国　的 茶叶。
　　　　　　Xièxie nín. Wǒ chàdiǎnr wàng le. Āyí, zhè shì Zhōngguó de cháyè.

松本美代　　你 太 客气 了，真 不 好意思。
　　　　　　Nǐ tài kèqi le, zhēn bù hǎoyìsi.

王　　　　　只不过 是 我 的 一点儿 心意， 请　您　收下。
　　　　　　Zhǐbúguò shì wǒ de yìdiǎnr xīnyì, qǐng nín shōuxia.

20

 新出語句

欢迎 huānyíng　いらっしゃい
阿姨 āyí　おばさん、おばちゃん
俩 liǎ　二人
屋子 wūzi　部屋
对了 duì le　（思い出して）あ、そうだ！
先 xiān　まず、先に
鞋 xié　靴
脱 tuō　脱ぐ
对 duì　そうです、その通りです
进 jìn　入る
家门儿 jiāménr　家の玄関
把 bǎ　「ポイント」参照
点心 diǎnxin　お菓子、おやつ
放 fàng　置く
慢慢儿 mànmānr　ゆっくり
聊 liáo　しゃべる
差点儿 chàdiǎnr　もう少しで〜するところだ

忘 wàng　忘れる
茶叶 cháyè　お茶
不好意思 bù hǎoyìsi　申し訳ない、気恥ずかしい
只不过 zhǐbúguò　ただ〜に過ぎない
一点儿 yìdiǎnr　少しの、少し
心意 xīnyì　気持ち
收下 shōuxia　受け取る
迟到 chídào　遅刻する
下雨 xià yǔ　雨が降る
洗 xǐ　洗う
发音 fāyīn　発音
交 jiāo　出す、渡す
晚点 wǎndiǎn　遅延する
滑倒 huádǎo　滑って転ぶ
锁门 suǒ mén　鍵をかける
当翻译 dāng fānyì　通訳になる

第 4 課　21

1 **快**请进。／早くお入りください。

　① **快**点儿吃，别迟到了。　Kuàidiǎnr chī, bié chídào le.

　② **快**走吧，要下雨了。　Kuài zǒu ba, yào xià yǔ le.

　③ 都八点多了，**快**起床吧。　Dōu bādiǎn duō le, kuài qǐ chuáng ba.

2 你**得**先脱鞋。／先に靴を脱がないといけません。

　进了家门都**要**脱鞋。／家に入る時にみな靴を脱ぐことになっています。

　① 吃饭以前**得**先洗手。　Chī fàn yǐqián děi xiān xǐ shǒu.

　② 学外语**得**先学发音。　Xué wàiyǔ děi xiān xué fāyīn.

　③ 明天我**要**去学校交作业。　Míngtiān wǒ yào qù xuéxiào jiāo zuòyè.

3 我**把**点心和茶放在这儿。／お菓子とお茶をここに置いておきます。

　① 我**把**书交给老师了。　Wǒ bǎ shū jiāogěi lǎoshī le.

　② 你**把**衣服洗洗吧。　Nǐ bǎ yīfu xǐxi ba.

　③ **把**你的手机号码告诉我，好吗？　Bǎ nǐ de shǒujī hàomǎ gàosu wǒ, hǎo ma?

4 我**差点儿**忘了。／忘れるところだった。

　① 电车晚点了，我**差点儿**迟到。　Diànchē wǎndiǎn le, wǒ chàdiǎnr chídào.

　② 他**差点儿**滑倒。　Tā chàdiǎnr huádǎo.

　③ 妹妹**差点儿**忘了锁门。　Mèimei chàdiǎnr wàng le suǒ men.

5 **只不过**是我的一点儿心意。／少しばかりの気持ちにすぎません。

　① 我**只不过**有点儿感冒。　Wǒ zhǐbúguò yǒu diǎnr gǎnmào.

　② 这**只不过**是我的意见。　Zhè zhǐbúguò shì wǒ de yìjiàn.

　③ 他**只不过**学了一年，还不能当翻译。　Tā zhǐbúguò xué le yìnián, hái bùnéng dāng fānyì.

練習問題

1 日本語の意味に合うように単語を並べ替えて、文を完成させなさい。

① 彼はもう宿題をやり終えました。
（他　把　已经　写完了　作业）

_____

② 私は今日起きるのが遅くて、もうすこしで遅刻するところだった。
（我　今天　差点儿　起晚了　迟到）

_____

③ 私は携帯を買いに行かなければなりません。
（我　买　得　手机　去）

_____

④ こんなに遅い時間になったのだから、早く休みなさい。
（休息吧　你　快　晚了　这么）

_____

2 与えられた言葉から一つ選んで、穴埋めしなさい。

① 她（　　　）手机忘在家里了。
（也　把　吧　是）

② 学外语都（　　　）背单词。单词：単語
（很　还　了　得）

③ 明天有小测验，你（　　　）复习一下吧。小测验：小テスト
（快　还　没　不）

④ 我不小心，（　　　）写错了。不小心：うっかりする
（没　差点儿　不错　怎么样）

3 中国語に訳しなさい。

① 靴をここに置いてください（"把"を使って）。

_____

② 私は発音を習わなければなりません。

_____

③ これは私の少しばかりの気持ちにすぎません。

_____

④ 私はもう少しで遅刻するところだった。

_____

第4課　23

第五课 谢谢你的盛情款待
Xièxie nǐ de shèngqíng kuǎndài

王　　　松本，谢谢 你 上 星期 的 盛情 款待。
　　　　Sōngběn, xièxie nǐ shàng xīngqī de shèngqíng kuǎndài.

松本　　不客气。你 觉得 我 家 和 你 想像 的 一样 吗？
　　　　Búkèqi. Nǐ juéde wǒ jiā hé nǐ xiǎngxiàng de yíyàng ma?

王　　　有 的 地方 一样，有 的 地方 不 一样。
　　　　Yǒu de dìfang yíyàng, yǒu de dìfang bù yíyàng.

松本　　那 你 说说 不 一样 的 地方 吧。
　　　　Nà nǐ shuōshuo bù yíyàng de dìfang ba.

王　　　你 的 屋子 里 没有 床，你 睡 在 地上！
　　　　Nǐ de wūzi li méiyǒu chuáng, nǐ shuì zài dìshang!

松本　　你 觉得 很 奇怪 吗？
　　　　Nǐ juéde hěn qíguài ma?

王　　　因为 我 听说 现在 的 日本 年轻人 都 睡 在 床上。
　　　　Yīnwèi wǒ tīngshuō xiànzài de Rìběn niánqīngrén dōu shuì zài chuángshang.

松本　　那 也 不 一定，像 我 这样 的 人 也 不少。
　　　　Nà yě bù yídìng, xiàng wǒ zhèyàng de rén yě bùshǎo.

王　　　是 吗？我 以为 只有 老年 人 才 睡 地上 呢。
　　　　Shì ma? Wǒ yǐwéi zhǐyǒu lǎonián rén cái shuì dìshang ne.

松本　　长 知识 了 吧！再说，那 不 是 "地"，是 "榻榻米"。
　　　　Zhǎng zhīshi le ba! Zàishuō, nà bú shì "dì", shì "tàtàmǐ".

 新出语句

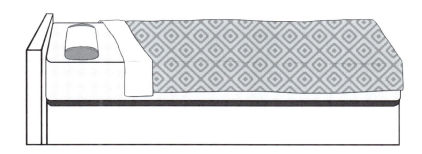

盛情款待 shèngqíng kuǎndài　心のこもったもてなし
上星期 shàng xīngqī　先週
想像 xiǎngxiàng　想像する
有的地方 yǒu de dìfang　あるところ
床 chuáng　ベッド
睡 shuì　寝る
地 dì　床、地面
奇怪 qíguài　おかしい
因为 yīnwèi　なぜなら
听说～ tīngshuō　～と聞いている、～だそうだ
不一定 bùyídìng　そうとは限らない
像～ xiàng～　～みたい（な）
这样 zhèyàng　このよう（な）
以为 yǐwéi　思う

只有～才～ zhǐyǒu～cái～　～だけが～
老年人 lǎoniánrén　年配の人、高齢者
长知识 zhǎng zhīshi　勉強になる
榻榻米 tàtàmǐ　たたみ（日本語の音訳）
好意 hǎoyì　好意
帮助 bāngzhù　助け、助ける
座 zuò　（山やビルなど）どっしりしたものを数える
躺 tǎng　横になる、横たわる
沙发 shāfā　ソファー
站 zhàn　立つ
走廊 zǒuláng　廊下
聊天儿 liáo tiānr　雑談する、世間話をする
面包 miànbāo　パン
裙子 qúnzi　スカート

第 5 課　25

1. **谢谢**你上星期的盛情款待。／先週の心のこもったおもてなし、ありがとうございました。

   ① **谢谢**你的好意。　Xièxie nǐ de hǎoyì.

   ② **谢谢**同学们的帮助。　Xièxie tóngxuémen de bāngzhù.

2. 你**觉得**我家和你想像的一样吗？／我が家はあなたが想像したのと同じですか。

   ① 我**觉得**汉语不难。　Wǒ juéde Hànyǔ bù nán.

   ② 你**觉得**这本书怎么样？　Nǐ juéde zhèi běn shū zěnmeyàng?

3. **有的**地方一样，**有的**地方不一样。／同じところもあれば、違うところもあります。

   ① **有的**人喜欢喝红茶，**有的**人不喜欢喝红茶。
   Yǒu de rén xǐhuan hē hóngchá, yǒu de rén bù xǐhuan hē hóngchá.

   ② 这座楼里的教室，**有的**大，**有的**小。
   Zhèi zuò lóu li de jiàoshì, yǒu de dà, yǒu de xiǎo.

4. 你睡**在**地上！／あなたは床に寝ています。

   ① 爸爸躺**在**沙发上休息。　Bàba tǎng zài shāfā shang xiūxi.

   ② 他们俩站**在**走廊里聊天儿。　Tāmen liǎ zhàn zài zǒuláng li liáo tiānr.

5. 那也**不一定**。／必ずしもそうではありません。

   ① 那家店的面包**不一定**好吃。　Nèi jiā diàn de miànbāo bùyídìng hǎochī.

   ② 今天晚上**不一定**下雨。　Jīntiān wǎnshang bùyídìng xià yǔ.

6. **只有**老年人**才**睡地上呢。／年配の人だけが床に寝ます。

   ① 我**只有**星期天**才**休息。　Wǒ zhǐyǒu xīngqītiān cái xiūxi.

   ② 她**只有**夏天**才**穿裙子。　Tā zhǐyǒu xiàtiān cái chuān qúnzi.

 練習問題

1 日本語の意味に合うように単語を並べ替えて、文を完成させなさい。

① ご厚意ありがとうございます。
（的　好意　谢谢　你）
_____

② その映画をどう思いますか。
（怎么样　那个电影　觉得　你）
_____

③ 彼みたいな学生も少なくありません。
（那样的　学生　不少　也　像他）
_____

④ ここは夏だけアイスクリームを売ります。
（只有　卖　这里　冰激凌　夏天　才）
_____

2 与えられた言葉から一つ選んで、穴埋めしなさい。

① 你（　　　）汉语难吗?
（会　想　觉得　也）
② 昨天的电影我（　　　）地方看懂了，（　　　）地方没看懂。
（都　和　不仅　有的）
③ （　　　）你们的帮助。
（教　比赛　认识　谢谢）
④ 他睡（　　　）榻榻米上。
（着　在　上　给）

3 中国語に訳しなさい。

① この大学はあなたが想像したのと同じですか。
_____

② おかしいと思いますか。
_____

③ 年配の人だけ床に寝ているとばかり思っていました。
_____

④ 勉強になったでしょう。
_____

第六課　我得去打工
Wǒ děi qù dǎ gōng

松本　　佳雪，这个 星期五 你 有 空儿 吗？
　　　　Jiāxuě, zhèige xīngqī wǔ nǐ yǒu kòngr ma?

王　　　我 上 完 课 得 去 打 工。你 有 什么 事儿？
　　　　Wǒ shàng wán kè děi qù dǎ gōng. Nǐ yǒu shénme shìr?

松本　　我 想 约 你 一起 去 吃饭。你 还 在 点心 店 打 工 吗？
　　　　Wǒ xiǎng yuē nǐ yìqǐ qù chīfàn. Nǐ hái zài diǎnxin diàn dǎ gōng ma?

王　　　对呀，我 星期一 和 星期五 去，一周 去 两次。
　　　　Duìya, wǒ xīngqī yī hé xīngqī wǔ qù, yìzhōu qù liǎngcì.

松本　　那 星期四 吧。我 星期一、二、三 要 当 家教。
　　　　Nà xīngqī sì ba. Wǒ xīngqīyī、èr、sān yào dāng jiājiào.

王　　　行 啊。哎，你 教 中学生 还是 小学生？
　　　　Xíng a. Ái, nǐ jiāo zhōngxuéshēng hái shì xiǎoxuéshēng?

松本　　我 只 教 中学生，教 他们 数学 和 英语。
　　　　Wǒ zhǐ jiāo zhōngxuéshēng, jiāo tāmen shùxué hé Yīngyǔ.

王　　　中国 的 大学生 一般 也 当 家教，挣 一点儿 零花钱。
　　　　Zhōngguó de dàxuéshēng yìbān yě dāng jiājiào, zhèng yìdiǎnr línghuāqián.

松本　　那 像 你 这样 在 饮食店 打 工 的 不太 多，是 吗？
　　　　Nà xiàng nǐ zhèyàng zài yǐnshídiàn dǎ gōng de bú tài duō, shì ma?

王　　　好像 最近 也 逐渐 多 起来 了。
　　　　Hǎoxiàng zuìjìn yě zhújiàn duō qǐlái le.

 新出語句

空儿 kòngr 暇、時間
上课 shàng kè 授業する、授業を受ける
约 yuē 誘う
点心店 diǎnxin diàn 菓子屋
周 zhōu 週
当家教 dāng jiājiào 家庭教師をする
只 zhǐ ただ
一般 yìbān 通常、大抵
挣 zhèng （お金を）稼ぐ
零花钱 línghuāqián 小遣い
饮食店 yǐnshí diàn 飲食店
好像 hǎoxiàng ～のようだ
最近 zuìjìn 最近
逐渐 zhújiàn 徐々に

托 tuō 頼む
办 bàn する
种 zhǒng タイプ、種類
药 yào 薬
牙科 yákē 歯科、歯医者
红的 hóngde 赤い色の
白的 báide 白い色の
米饭 mǐfàn ごはん
面条 miàntiáo 麺類
回家 huí jiā 家に帰る
图书室 túshūshì 図書室
孩子 háizi 子供
哭 kū 泣く

第6課 29

1 你有什么事儿？／どんな用事がありますか。

① 明天你上什么课？　Míngtiān nǐ shàng shénme kè?

② 日本的年轻人看什么书？　Rìběn de niánqīng rén kàn shénme shū?

2 我想约你一起去吃饭。／食事に誘おうと思っています。

① 他约我去看电影。　Tā yuē wǒ qù kàn diànyǐng.

② 我可不可以托你办件事儿？　Wǒ kěbukěyǐ tuō nǐ bàn jiàn shìr?

3 一周去两次。／週二回行きます。

① 这种药一天吃三次。　Zhèi zhǒng yào yìtiān chī sān cì.

② 我半年去一次牙科。　Wǒ bànnián qù yícì yákē.

4 你教中学生还是小学生？／あなたは中学生に教えていますか？それとも小学生に教えていますか？

① 你喜欢红的，还是喜欢白的？　Nǐ xǐhuan hóng de, háishi xǐhuan bái de?

② 午饭你吃米饭，还是吃面条？　Wǔfàn nǐ chī mǐfàn, háishi chī miàntiáo?

5 中国的大学生一般也当家教。／中国の大学生も大抵家庭教師をしています。

① 我一般都八点回家。　Wǒ yìbān dōu bādiǎn huí jiā.

② 大学一般都有图书室。　Dàxué yìbān dōu yǒu túshūshì.

6 好像最近逐渐多起来了。／最近は徐々に多くなってきているようです。

① 最近天气热起来了。　Zuìjìn tiānqì rè qǐlai le.

② 那个孩子哭起来了。　Nèige háizi kū qǐlai le.

練習問題

1　日本語の意味に合うように単語を並べ替えて、文を完成させなさい。

① 今日の午後は暇がありますか。
（有空儿　今天　你　下午　吗）
_____

② 映画をお誘いしたいのです。
（去　一起　看　电影　想约你　我）
_____

③ 私は中学生に英語を教えます。
（英语　教　我　中学生）
_____

④ 最近天気がだんだん暑くなってきました。
（逐渐　天气　热　最近　起来了）
_____

2　与えられた言葉から一つ選んで、穴埋めしなさい。

① 你晚上看（　　　）电视？
（怎么　什么　谁　哪里）
② 我（　　　）托你办件事？
（想不想　懂不懂　会不会　可不可以）
③ 我平均一个月吃一（　　　）寿司。
（次　好　什么　天）
④ 下午你去打工，（　　　）去图书室？
（然后　还是　也　都）

3　中国語に訳しなさい。

① あなたはまだ本屋でバイトしていますか。
_____

② じゃあ、来週行きましょう。
_____

③ 中国の大学生も大抵家庭教師をします。
_____

④ 授業を受けた後、歯医者に行かなければなりません。
_____

第6課　31

第七课 真羡慕你
Zhēn xiànmù nǐ

松本　告诉 你 一 个 好 消息，我 有 男朋友 了！
　　　Gàosu nǐ yí ge hǎo xiāoxi, wǒ yǒu nánpéngyou le!

王　　真 的? 真 羡慕 你! 你们 在 哪儿 认识 的?
　　　Zhēn de? Zhēn xiànmù nǐ! Nǐmen zài nǎr rènshi de?

松本　打工 时 认识 的。他 比 我 大 一岁。
　　　Dǎ gōng shí rènshi de. Tā bǐ wǒ dà yísuì.

王　　你们 是 不 是 一见钟情 啊?
　　　Nǐmen shì bu shì yíjiànzhōngqíng a?

松本　不 是 我，是 他 对 我 一见钟情。
　　　Bú shì wǒ, shì tā duì wǒ yíjiànzhōngqíng.

王　　他 是 不 是 很 酷? 个子 高 吗?
　　　Tā shì bu shì hěn kù? Gèzi gāo ma?

松本　一般。不过 性格 很 开朗，对 人 也 很 热情。
　　　Yìbān. Búguò xìnggé hěn kāilǎng, duì rén yě hěn rèqíng.

王　　你 也 一样。看来 你们 是 趣味相投 了。
　　　Nǐ yě yíyàng. Kànlái nǐmen shì qùwèixiāngtóu le.

松本　好像 是 吧。所以，今天 我 得 早点儿 走，因为……
　　　Hǎoxiàng shì ba. Suǒyǐ, jīntiān wǒ děi zǎodiǎnr zǒu, yīnwèi……

王　　知道 了。因为 他 在 等 你，是 不 是?
　　　Zhīdào le. Yīnwèi tā zài děng nǐ, shì bu shì?

羡慕　xiànmù　羨ましい
消息　xiāoxi　ニュース、知らせ
男朋友　nánpéngyou　ボーイフレンド
比　bǐ　～に比べて、～より
一见钟情　yíjiànzhōngqíng　一目ぼれ
对　duì　～に対して
酷　kù　格好いい、クール
个子　gèzi　身長
一般　yìbān　普通である
不过　búguò　しかし
性格　xìnggé　性格
开朗　kāilǎng　（性格が）明るい
热情　rèqíng　親切である
看来　kànlái　見たところ

趣味相投　qùwèixiāngtóu　意気投合する
所以　suǒyǐ　だから
早点儿　zǎodiǎnr　早めに
走　zǒu　行く、出かける
容易　róngyì　易しい、簡単
桌子　zhuōzi　机、テーブル
～得多　deduō　だいぶ～、ずっと
看上　kànshang　気に入る
打铃　dǎ líng　チャイムが鳴る
课本　kèběn　テキスト
盖大楼　gài dàlóu　ビルを建てる
和好　héhǎo　仲直りする
相信　xiāngxìn　信じる
找　zhǎo　さがす

1 他比我大一岁。/ 彼は私より一歳年上です。

① 英语**比**汉语容易一点儿。　　Yīngyǔ bǐ Hànyǔ róngyì yìdiǎnr.

② 弟弟**比**我小三岁。　　Dìdi bǐ wǒ xiǎo sān suì.

③ 桌子**比**椅子高得多。　　Zhuōzi bǐ yǐzi gāo de duō.

2 你们是不是一见钟情啊？/ お二人は一目ぼれだったのですか。

① 你**是不是**看上她了？　　Nǐ shì bu shì kànshàng tā le?

② **是不是**打过铃了？　　Shì bu shì dǎ guo líng le?

③ 他**是不是**忘了课本了？　　Tā shì bu shì wàng le kèběn le?

3 看来你们是趣味相投了。/ あなたたちは意気投合したようね。

① **看来**他不会来了。　　Kànlái tā búhuì lái le.

② **看来**这里要盖大楼了。　　Kànlái zhèli yào gài dàlóu le.

③ **看来**他们和好了。　　Kànlái tāmen héhǎo le.

4 一见钟情 / 一目ぼれする

① 他们俩**一见钟情**。　　Tāmen liǎ yíjiànzhōngqíng.

② 你对她**一见钟情**了吧？　　Nǐ duì tā yíjiànzhōngqíng le ba?

③ 你相信有**一见钟情**吗？　　Nǐ xiāngxìn yǒu yíjiànzhōngqíng ma?

5 他在等你。/ 彼があなたを待っています。

① 他**在**打棒球。　　Tā zài dǎ bàngqiú.

② 老师**在**找你呢。　　Lǎoshī zài zhǎo nǐ ne.

③ 同学们**在**看电影。　　Tóngxué men zài kàn diànyǐng.

1 日本語の意味に合うように単語を並べ替えて、文を完成させなさい。

① 彼は背が高いのですか。
（是　他　个子　不是　很高啊）

② 今日私はちょっと早く食べなければなりません。
（今天　吃　快点儿　我　得）

③ （見たところ）電車がもう来ないみたいです。
（不会　看来　来了　电车）

④ 兄は姉よりだいぶ年上です。
（哥哥　姐姐　得　比　多　大）

2 与えられた言葉から一つ選んで、穴埋めしなさい。

① 你（　　　）看上她了?
（好不好　能不能　对不对　是不是）

② 这本书比那本书难（　　　）。
（特别　得多　非常　很大）

③ 我们是打工时认识（　　　）。
（得　的　地　着）

④ 同学们（　　　）排队买饭。 排队：並ぶ
（叫　被　再　在）

3 中国語に訳しなさい

① 私はガールフレンドができましたよ。 ガールフレンド：女朋友

② いつ知り合ったのですか。

③ 彼が私に一目ぼれしたのです。

④ 性格は明るく、親切です。

第7課　35

第八課 暑假有什么打算吗？
Shǔjià yǒu shénme dǎsuan ma?

松本　　佳雪，你 暑假 有 什么 打算 吗？
　　　　Jiāxuě, nǐ shǔjià yǒu shénme dǎsuan ma?

王　　　还 没 想 呢。我 最近 学习 越来越 忙 了。
　　　　Hái méi xiǎng ne. Wǒ zuìjìn xuéxí yuèláiyuè máng le.

松本　　是不是 为 了 准备 期末 考试？
　　　　Shìbushì wèi le zhǔnbèi qīmò kǎoshì?

王　　　除了 考 笔试 以外，还 得 交 两篇 1200 字 的 报告。
　　　　Chúle kǎo bǐshì yǐwài, hái děi jiāo liǎngpiān yìqiān'èrbǎi zì de bàogào.

松本　　是 用 日语 写，还是 用 汉语 写？
　　　　Shì yòng Rìyǔ xiě, háishi yòng Hànyǔ xiě?

王　　　我 是 留学生，当然 得 用 日语 写，真 愁死 了。
　　　　Wǒ shì liúxuéshēng, dāngrán děi yòng Rìyǔ xiě, zhēn chóusǐ le.

松本　　需要 我 帮忙 吗？
　　　　Xūyào wǒ bāngmáng ma?

王　　　你 也 快 考试 了，怎么 好意思 麻烦 你 呢？
　　　　Nǐ yě kuài kǎoshì le, zěnme hǎoyìsi máfan nǐ ne?

松本　　没 关系，我 的 没有 你 的 多。
　　　　Méi guānxi, wǒ de méiyou nǐ de duō.

王　　　那 我 把 报告 写好 以后，你 替 我 看看 日语，好 吗？
　　　　Nà wǒ bǎ bàogào xiěhǎo yǐhòu, nǐ tì wǒ kànkan Rìyǔ, hǎo ma?

 新出語句

暑假 shǔjià 夏休み
越来越~ yuèláiyuè~ ますます~
准备 zhǔnbèi 準備する、支度する
期末 qīmò 期末
考试 kǎoshì テスト、テストする
除了~还 chúle~hái のほか、更に~
笔试 bǐshì 筆記試験
篇 piān 文章などを数える
报告 bàogào レポート、報告
当然 dāngrán 当然、もちろん
愁 chóu 悩み、悩む
需要 xūyào 必要
快~了 kuài~le もうすぐ~
怎么好意思~ zěnme hǎoyìsi ~するには申し訳ない

麻烦 máfan 面倒をかける
课 kè 授業
可爱 kě'ài かわいい
猫 māo 猫
养 yǎng 飼う、養う
狗 gǒu 犬
累 lèi 疲れる
死 sǐ 死ぬ、最強に
饿 è 腹が減る
坏 huài 最悪、悪い
打招呼 dǎ zhāohu 声をかける、断わる
厚 hòu 厚い
水平 shuǐpíng レベル

第8課 37

1. 我最近学习越来越忙了。／私は最近勉強がますます忙しくなってきました。

   ① 二年级的课越来越多了。　Èr niánjí de kè yuèláiyuè duō le.

   ② 她越来越可爱了。　Tā yuèláiyuè kě'ài le.

2. 除了考笔试以外，还得交两篇1200字的报告。／筆記試験以外に1200字のレポートを二つ書かなければなりません。

   ① 我除了学习还要打工。　Wǒ chú le xuéxí hái yào dǎ gōng.

   ② 我家除了猫，还养了一只小狗。　Wǒ jiā chú le māo, hái yǎng le yìzhī xiǎo gǒu.

3. 真愁死了。／（私は）ものすごく悩んでいます。

   ① 我累死了。　Wǒ lèisǐ le.

   ② 肚子饿坏了。　Dùzi èhuài le.

4. 怎么好意思麻烦你呢？／手伝ってもらうなんて申し訳ないです。（どうしてあなたを煩わせることができようか）

   ① 你怎么能不去呢？　Nǐ zěnme néng bú qù ne?

   ② 他怎么可以不打招呼就走呢？　Tā zěnme kěyǐ bù dǎ zhāohu jiù zǒu ne?

5. 我的没有你的多。／私の方はあなたほど多くありません。

   ① 这本书没有那本厚。　Zhèi běn shū méiyou nèi běn hòu.

   ② 我的水平没有他高。　Wǒ de shuǐpíng méiyou tā gāo.

6. 你替我看看日语。／私の代わりに日本語をちょっと見てください。

   ① 明天我可以替你去。　Míngtiān wǒ kěyǐ tì nǐ qù.

   ② 他没时间，你替他写写吧。　Tā méi shíjiān, nǐ tì tā xiěxie ba.

練習問題

1 日本語の意味に合うように単語を並べ替えて、文を完成させなさい。

① 料理するほか、洗濯もしなければなりません。
（除了　还得　做饭　洗　衣服）
_____

② 私が行く必要ありますか。
（去　需要　吗　我）
_____

③ 汽車は飛行機ほど速くない。
（飞机　火车　快　没有）
_____

④ レポートはもちろん中国語で書きます。
（报告　写　当然　汉语　用）
_____

2 与えられた言葉から一つ選んで、穴埋めしなさい。

① 三年级的作业（　　　）多了。
（越来越　为了　这样　看看）
② 我（　　　）星期天，星期六也休息。
（非常　就　除了　怎么）
③ 你（　　　）我买一个面包，好吗?
（把　替　还　请）
④ 孩子怎么（　　　）不吃饭呢?
（多　能　太　当然）

3 中国語に訳しなさい

① 手伝ってもらうなんて申し訳ないです。

② 冬休みは何か予定がありますか。
_____

③ 私のテストはあなたほど多くありません。
_____

④ 私は明日あなたの代わりに行けます。
_____

第九課 你在忙什么呢?
Nǐ zài máng shénme ne?

王　　松本，好久 没见。你 在 忙 什么 呢?
　　　Sōngběn, hǎojiǔ méijiàn. Nǐ zài máng shénme ne?

松本　真 是 好久 没见 了。我 正在 为 文化节 做 准备 呢。
　　　Zhēn shì hǎojiǔ méijiàn le. Wǒ zhèngzài wèi wénhuàjié zuò zhǔnbèi ne.

王　　是 校园 文化节 吗? 我 是 最近 才 听 说 的。
　　　Shì xiàoyuán wénhuàjié ma? Wǒ shì zuìjìn cái tīng shuō de.

松本　对, 日本 的 大学 每年 都 举办。中国 没有 吗?
　　　Duì, Rìběn de dàxué měinián dōu jǔbàn. Zhōngguó méiyǒu ma?

王　　中国 的 大学 也 搞 各种 活动, 但 和 日本 不太 一样。
　　　Zhōngguó de dàxué yě gǎo gèzhǒng huódòng, dàn hé Rìběn bú tài yíyàng.

松本　是 吗? 那 你 是 第 一 次 参加 了?
　　　Shì ma? Nà nǐ shì dì yī cì cānjiā le?

王　　对 呀, 听说 非常 热闹, 我 一定 得 亲眼 看看。
　　　Duì ya, tīngshuō fēicháng rènao, wǒ yídìng děi qīnyǎn kànkan.

松本　我 有 一 个 朋友 要 表演 相声。
　　　Wǒ yǒu yí ge péngyou yào biǎoyǎn xiàngsheng.

王　　用 日语 说 相声? 肯定 很 有 意思。
　　　Yòng Rìyǔ shuō xiàngsheng? Kěndìng hěn yǒu yìsi.

松本　这样 吧, 文化节 那天, 咱们 俩 一块儿 玩儿 玩儿 吧。
　　　Zhèyàng ba, wénhuàjié nèitiān, zánmen liǎ yíkuàir wánr wanr ba.

 新出语句

忙 máng 忙しくする
好久 hǎojiǔ 久しい
文化节 wénhuàjié 文化祭
做 zuò する
校园 xiàoyuán キャンパス
才 cái やっと
举办 jǔbàn 行う、開催する
搞 gǎo やる、する
各种 gèzhǒng 各種、いろいろ
活动 huódòng イベント
热闹 rènao にぎやか
得 děi ～しなければならない
亲眼 qīnyǎn この目で
表演 biǎoyǎn 演技する
相声 xiàngsheng 漫才
说相声 shuō xiàngsheng 漫才をする
肯定 kěndìng きっと

那天 nèi tiān その日、～の当日
玩儿 wánr 遊び、遊ぶ
急 jí 急ぐ、焦る
存钱 cún qián 貯金する
蛋糕 dàngāo ケーキ
结婚 jiéhūn 結婚する
下周 xiàzhōu 来週
庆祝 qìngzhù 祝う
组织 zǔzhi 行う
相亲 xiāngqīn お見合いをする
首次 shǒucì 初めての、最初の
同窗会 tóngchuānghuì 同窓会
多次 duōcì 何回も
欧洲 Ōuzhōu ヨーロッパ
发邮件 fā yóujiàn Ｅメールを送る
禁止 jìnzhǐ 禁止する
骑摩托车 qí mótuōchē オートバイに乗る

第9課　41

1 你在忙什么呢？／どんなことに忙しくしていますか。

    ❶ 黄金周你**忙什么**了？　　Huángjīnzhōu nǐ máng shénme le?

    ❷ 还早呢，你**急什么**？　　Hái zǎo ne, nǐ jí shénme?

2 我正在为文化节做准备呢。／文化祭のための準備をしているところです。

    ❶ 他**为**明年去英国留学存钱。　　Tā wèi míngnián qù Yīngguó liúxué cún qián.

    ❷ **为**同学过生日做了一个蛋糕。　　Wèi tóngxué guò shēngrì zuò le yí ge dàngāo.

3 最近才听说。／私は最近知ったばかりです

    ❶ 我今天十点**才**起床。　　Wǒ jīntiān shí diǎn cái qǐchuáng.

    ❷ 他一直忙着做学问，三十多岁**才**结婚。
       Tā yìzhí mángzhe zuò xuéwèn, sānshí duō suì cái jiéhūn.

4 中国的大学也搞各种活动。／中国の大学も様々な行事をやります。

    ❶ 我们大学下周有庆祝**活动**。　　Wǒmen dàxué xiàzhōu yǒu qìngzhù huódòng.

    ❷ 他们经常组织相亲**活动**。　　Tāmen jīngcháng zǔzhī xiāngqīn huódòng.

5 那你这次是第一次参加了。／それじゃ、今回は初めての参加ですね。

    ❶ 毕业生们**首次**举办同窗会。　　Bìyèshēng men shǒu cì jǔbàn tóngchuānghuì.

    ❷ 哥哥**多次**去欧洲旅行。　　Gēge duō cì qù Ōuzhōu lǚxíng.

6 用日语说相声。／日本語で漫才をする。

    ❶ 我会**用**汉语发邮件了。　　Wǒ huì yòng Hànyǔ fā yóujiàn le.

    ❷ 禁止高中生**骑**摩托车上学。　　Jìnzhǐ gāozhōngshēng qí mótuōchē shàng xué.

 練習問題

1　日本語の意味に合うように単語を並べ替えて、文を完成させなさい。

① 日本の大学は毎年文化祭を開催します。
（日本的大学　举办　每年　文化节　都）
_____

② 大学は学生が車での通学を禁止します。
（大学　学生　开车　上学　禁止）
_____

③ 絶対この目で見てみたい。
（亲眼　我　看看　得　一定）
_____

④ 私は最近知ったところです。
（我　才　最近　知道）
_____

2　与えられた言葉から一つ選んで、穴埋めしなさい。

① 他每天两点（　　　）睡觉。
（就　刚　才　还）
② 她没（　　　）昨晚的同窗会。
（喜欢　也是　经常　参加）
③ 她（　　　）去中国旅游存钱。
（为　从　向　搞）
④ 黄金周你（　　　）什么了?
（累　关照　不错　忙）

3　中国語に訳しなさい

① 今は試験のために準備しているところです。
_____

② 年配の人も携帯電話でメールを送れるようになりました。
_____

③ 電車が遅延して、10時にやっと大学に着きました。
_____

④ 私は初めて船で中国に行きました。
_____

第 9 課

第十課 学生比平时多得多
Xuésheng bǐ píngshí duō de duō

王　　怎么 这么 多 人？ 学生 比 平时 多 得 多 吧？
　　　Zěnme zhème duō rén? Xuésheng bǐ píngshí duō de duō ba?

松本　对 啊，不 光 是 咱们 大学 的，还有 别 的 大学 的 呢。
　　　Duì a, bù guāng shì zánmen dàxué de, háiyǒu bié de dàxué de ne.

王　　好像 有 的 还是 高中生， 都 穿 着 高中 的 校服 呢。
　　　Hǎoxiàng yǒu de háishì gāozhōngshēng, dōu chuān zhe gāozhōng de xiàofú ne.

松本　他们 想 报考 咱们 大学，今天 先 来 体验 一下儿。
　　　Tāmen xiǎng bàokǎo zánmen dàxué, jīntiān xiān lái tǐyàn yíxiàr.

王　　原来 是 这么 回 事儿。哎，咱们 俩 先 干 什么？
　　　Yuánlái shì zhème huí shìr. Ái, zánmen liǎ xiān gàn shénme?

松本　先 吃 点儿 东西，再 去 看 表演，你 觉得 呢？
　　　Xiān chī diǎnr dōngxi, zài qù kàn biǎoyǎn, nǐ juéde ne?

王　　行，正好 我 也 有点儿 饿 了。
　　　Xíng, zhènghǎo wǒ yě yǒudiǎnr è le.

松本　你 看，小摊儿 上 卖 热狗 呢，还有 炸鸡 什么 的。
　　　Nǐ kàn, xiǎotānr shang mài règǒu ne, háiyǒu zhájī shénme de.

王　　我 就 来 一个 热狗 吧，再 买 一 罐儿 可乐。
　　　Wǒ jiù lái yí ge règǒu ba, zài mǎi yí guànr kělè.

松本　我 要 一份儿 炸鸡，一 个 饭团儿 和 一 瓶 乌龙茶。
　　　Wǒ yào yífènr zhájī, yí ge fàntuánr hé yì píng wūlóngchá.

44

 新出語句

平时 píngshí　普段
不光~还（也）~ bùguāng~hái~　~だけではなく、~も~だ。
别的 bié de　他の
穿 chuān　着る、履く
校服 xiàofú　学校の制服
报考 bàokǎo　受験する
体验 tǐyàn　体験する
原来 yuánlái　なんと（…であったか）
这么回事儿 zhème huíshìr　こんなこと、このとおり
东西 dōngxi　（食べ）物、もの
正好 zhènghǎo　ちょうどいい
小摊儿 xiǎotānr　露店
卖 mài　売る
热狗 règǒu　ホットドッグ
炸鸡 zhájī　フライドチキン、から揚げ
什么的 shénme de　など
来一个 lái yí ge　一つ頂く
买 mǎi　買う
罐儿 guànr　缶、カンに入ってるものを数える
份儿 fènr　セット

饭团儿 fàntuánr　おにぎり
瓶 píng　ビン、瓶に入っているものを数える
紧张 jǐnzhāng　ハード、忙しい
跑 pǎo　走る
餐馆儿 cānguǎnr　レストラン
饭菜 fàncài　料理
差 chà　よくない、悪い
樱花 yīnghuā　さくら
影院 yǐngyuàn　映画館
剧场 jùchǎng　劇場
拜访 bàifǎng　訪問する
毕业 bì yè　卒業する
鸡蛋 jīdàn　たまご
香肠 xiāngcháng　ソーセージ、ウインナー
堆 duī　積み上げる、積む
睡懒觉 shuì lǎnjiào　寝坊する
球拍儿 qiúpāir　ラケット
滑雪 huá xuě　スキーをする
滑冰 huá bīng　スケートをする
装 zhuāng　入れる、詰め込む
钥匙 yàoshi　鍵

第10課　45

1 学生比平时多得多。/ 学生は普段よりずっと多いです。

① 大学生活比高中紧张得多。　Dàxué shēng huó bǐ gāozhōng jǐnzhāng de duō.

② 他跑得比我快得多。　Tā pǎo de bǐ wǒ kuài de duō.

③ 这家餐馆的饭菜比那家差得多。　Zhèi jiā cānguǎn de fàncài bǐ nèi jiā chà de duō.

2 不光是咱们大学的，还（也）有别的大学的呢。/ うちの大学の学生ばかりではなく、他大学の人もいます。

① 不光日本，中国也有樱花。　Bùguāng Rìběn, Zhōngguó yě yǒu yīnghuā.

② 不光是你，我也喜欢喝咖啡。　Bùguāng shì nǐ, wǒ yě xǐhuan hē kāfēi.

③ 这里不光有影院，还有剧场。　Zhèli bùguāng yǒu yǐngyuàn, hái yǒu jùchǎng.

3 先吃点儿东西，再去看表演。/ まずちょっと食べてから、それから出し物を見に行く。

① 你应该先打电话，再去拜访。　Nǐ yīnggāi xiān dǎ diànhuà, zài qù bàifǎng.

② 先穿好衣服再出门。　Xiān chuānhǎo yīfu zài chūmén.

③ 还是先毕业，再结婚比较好。　Háishì xiān bìyè, zài jiéhūn bǐjiào hǎo.

4 还有炸鸡什么的。/ それにから揚げなどもある。

① 早饭有鸡蛋、香肠什么的。　Zǎofàn yǒu jīdàn, xiāngcháng shénme de.

② 词典、杂志什么的堆得像座山。　Cídiǎn, zázhì shénme de duī de xiàng zuò shān.

③ 星期天睡睡懒觉什么的，也不错。　Xīngqītiān shuìshui lǎnjiào shénme de, yě búcuò.

5 我就来一个热狗吧。/ 私はホットドッグにしようかな。

① 那我就买这件T恤衫吧。　Nà wǒ jiù mǎi zhèi jiàn T xùshān ba.

② 我不多买，就要一个。　Wǒ bù duō mǎi, jiù yào yí ge.

③ 昨晚我就喝了一杯啤酒。　Zuówǎn wǒ jiù hē le yì bēi píjiǔ.

 練習問題

1　日本語の意味に合うように単語を並べ替えて、文を完成させなさい。

❶　上海は北京よりずっと暑い。
　　（热　北京　上海　比　得多）

❷　私はまず一年間中国語を勉強してそれから留学に行きます。
　　（我　先　再　学一年　汉语　去留学）

❸　テニスを学ぶにはラケットなどを用意しないといけません。
　　（什么的　要　球拍儿　准备　学打网球）

❹　昼ごはんにパンを一つ食べただけです。
　　（吃了　就　一个　中午饭　面包）

2　与えられた言葉から一つ選んで、穴埋めしなさい。

❶　他不光会滑雪（　　　）会滑冰。
　　（还　没　不　再）
❷　我先买手机，（　　　）买电脑。
　　（又　再　也　这）
❸　书包里装着钥匙、手机（　　　）
　　（什么　怎么　什么的　谁）
❹　这次大会（　　　）我一个人参加。
　　（不　没　就　和）

3　中国語に訳しなさい。

❶　大学生だけではなく、高校生も文化祭をやります。

❷　まず昼ごはんを食べて、それから行きます。

❸　図書室に新聞や雑誌などがあります。

❹　この教室はあの教室よりずっと大きいです。

第十一课 怎么吃面条啊?
Zěnme chī miàntiáo a?

王　　　松本，日本人过生日时都吃些什么呀?
　　　　Sōngběn, Rìběnrén guò shēngrì shí dōu chī xiē shénme ya?

松本　　最重要的是吃蛋糕吧。
　　　　Zuì zhòngyào de shì chī dàngāo ba.

王　　　除了蛋糕以外，还有别的吗?
　　　　Chúle dàngāo yǐwài, hái yǒu bié de ma?

松本　　有是有，但各个家庭不太一样，因人而异。
　　　　Yǒu shì yǒu, dàn gège jiātíng bú tài yíyàng, yīnrénéryì.

王　　　你家怎么给你过生日呢?
　　　　Nǐ jiā zěnme gěi nǐ guò shēngrì ne?

松本　　吃寿司、煎牛肉饼什么的，有时也吃意大利面。
　　　　Chī shòusī、 jiānniúròubǐng shénme de, yǒu shí yě chī yìdàlìmiàn.

王　　　你们不吃长寿面吗?
　　　　Nǐmen bù chī chángshòumiàn ma?

松本　　"长寿面"? 那是什么东西?
　　　　"Chángshòumiàn"? Nà shì shénme dōngxi?

王　　　就是过生日时吃的面条啊。
　　　　Jiùshì guò shēngrì shí chī de miàntiáo a.

松本　　生日一年才一次，应该吃好吃的才对。怎么吃面条呢?
　　　　Shēngrì yìnián cái yí cì, yīnggāi chī hǎochī de cái duì. Zěnme chī miàntiáo ne?

 新出語句

重要 zhòngyào 重要な、大事な
因人而异 yīnrén éryì 人によって異なる
给～过生日 gěi～guò shēngrì ～に誕生日を祝ってあげる
煎牛肉饼 jiānniúròubǐng ハンバーグ
意大利面 Yìdàlìmiàn パスタ、スパゲッティ
长寿面 chángshòu miàn 誕生日に、長生きするよう願いを込めて食べる麺
好吃的 hǎochīde 美味しいもの
才 cái ① わずかに、～だけ ②（断定的に）～といったら、それこそ～だ。
课上 kèshang 授業中
周末 zhōumò 週末
干 gàn する

便宜 piányi 安い
颜色 yánsè 色、カラー
明白 míngbai 理解する、分かる
解释 jiěshì 説明する、解釈する
剪毛 jiǎn máo トリーミングをする
美容店 měiróng diàn 美容院
洗澡 xǐzǎo 風呂に入る
专卖店 zhuānmài diàn 専門店
大减价 dà jiǎnjià バーゲンセール
道歉 dào qiàn 謝る
翻 fān 訳す
贵 guì 値段が高い
新式 xīnshì 新型
新年聚会 xīnnián jùhuì 新年会

第11課 49

ポイント

1 过生日时都吃些什么呀？/ 誕生日にどういったものを食べますか。

① 你们课上都学些什么？　Nǐmen kèshang dōu xué xiē shénme?

② 周末你在家都干些什么？　Zhōumò nǐ zài jiā dōu gàn xiē shénme?

③ 你家都有些什么人？　Nǐ jiā dōu yǒu xiē shénme rén?

2 有是有，但各个家庭不太一样。/ あるにはありますが、家庭によって違います。

① 寿司我吃是吃，但不是非常喜欢。　Shòusī wǒ chī shì chī, dàn búshì fēicháng xǐhuan.

② 便宜是便宜，但颜色不好看。　Piányi shì piányi, dàn yánsè bù hǎokàn.

③ 看是看了，但没看明白。　Kàn shì kàn le, dàn méi kàn míngbai.

3 你家怎么给你过生日呢？/ あなたの家ではどのようにあなたに誕生日を祝ってあげるのですか。

① 这种事儿，怎么告诉她呀？　Zhèizhǒng shìr, zěnme gàosu tā ya?

② 怎么给你解释好呢？　Zěnme gěi nǐ jiěshì hǎo ne?

③ 我不知道怎么给狗剪毛。　Wǒ bù zhīdào zěnme gěi gǒu jiǎn máo.

4 生日一年才一次。/ 誕生日は年に一度しかない。

① 我一个月才去一次美容店。　Wǒ yí ge yuè cái qù yí cì měiróng diàn.

② 他三天才洗一次澡。　Tā sāntiān cái xǐ yícì zǎo.

③ 专卖店一年才有一次大减价。　Zhuānmài diàn yìnián cái yǒu yí cì dà jiǎnjià.

5 应该吃好吃的才对。/ ご馳走を食べるのがあたりまえです。（美味しいものを食べなくちゃ）

① 你应该向他道歉才对。　Nǐ yīnggāi xiàng tā dàoqiàn cái duì.

② 学生应该努力学习才对。　Xuésheng yīnggāi nǔlì xuéxí cái duì.

③ 这句话应该这样翻才对。　Zhèi jù huà yīnggāi zhèyàng fān cái duì.

 **練習問題**

1　日本語の意味に合うように単語を並べ替えて、文を完成させなさい。

① 夏休みにどんなところに行きましたか。
（暑假里　你　哪些地方　都　了　去）

② この服は良いことは良いが、けれど、ちょっと高い。
（这件衣服　好　就是　太贵　是好　了）

③ 彼と一年に一度しか会わない。
（我　一年　才　见一次　和他）

④ 私は新型の携帯をどういう風に使うか分かりません。
（我不知道　用　怎么　手机　新式）

2　与えられた言葉から一つ選んで、穴埋めしなさい。

① 去年你们都用过哪（　　　）书?
（本　一　些　儿）

② （　　　）是去了，但没见到他。
（来　去　不　没）

③ 新年聚会，一年（　　　）一次，我一定要参加。
（才　和　与　不）

④ 天气这么冷，（　　　）穿多一点儿才对。
（必然　必要　应该　对应）

3　中国語に訳しなさい。

① 美味しいことは美味しいですが、しかし少なすぎます。

② 中国語でどのように言いますか。

③ コンビニにはどういったものを売っていますか。

④ 二週間にやっと一課を習います。

第十二課 我明白了
Wǒ míngbai le

松本　我 还是 不 明白 中国 人 为什么 过 生日 吃 面条。
　　　Wǒ háishì bù míngbai Zhōngguó rén wèishénme guò shēngrì chī miàntiáo.

王　　因为 面条 又 细 又 长， 过 生日 时 吃 它 是 一 种 吉祥
　　　Yīnwèi miàntiáo yòu xì yòu cháng, guò shēngrì shí chī tā shì yì zhǒng jíxiáng

　　　的 象征。
　　　de xiàngzhēng.

松本　我 明白 了！ 是 希望 过 生日 的 人 能够 长寿， 对 吗？
　　　Wǒ míngbai le! Shì xīwàng guò shēngrì de rén nénggòu chángshòu, Duì ma?

王　　对！ 你 太 聪明 了， 就 是 这 个 意思。
　　　Duì! Nǐ tài cōngming le, jiù shì zhèi ge yìsi.

松本　那 我 以后 每天 都 吃 长寿面， 我 要 活 得 长长 的。
　　　Nà wǒ yǐhòu měitiān dōu chī chángshòumiàn, wǒ yào huó de chángcháng de.

王　　平时 吃 的 不 叫 长寿面， 只有 生日 那天 吃 的 才 叫
　　　Píngshí chī de bú jiào chángshòumiàn, zhǐyǒu shēngrì nèitiān chī de cái jiào

　　　长寿面。
　　　chángshòumiàn.

松本　对 了， 在 日本 也 有 图 吉祥 吃 面条 的 习惯。
　　　Duì le, zài Rìběn yě yǒu tú jíxiáng chī miàntiáo de xíguàn.

王　　什么 时候 吃？ 我 怎么 没 听说 过？
　　　Shénme shíhou chī? Wǒ zěnme méi tīngshuō guo?

松本　新年 的 年夜饭， 我们 就 吃 荞麦面。
　　　Xīnnián de niányèfàn, wǒmen jiù chī qiáomàimiàn.

王　　是 吗？ 今年 过年， 我 一定 试试。
　　　Shì ma? Jīnnián guònián, wǒ yídìng shìshi.

52

 新出語句

又细又长 yòu xì yòu cháng　細くて長い
吉祥 jíxiáng　めでたい
象征 xiàngzhēng　象徴、象徴する
希望 xīwàng　願う、望む
能够 nénggòu　出来る
长寿 chángshòu　長生きする
聪明 cōngming　賢い
意思 yìsi　意味
长长的 chángcháng de　長く、長い
图 tú　図る、求める
年夜饭 niányèfàn　年越しの食事
荞麦面 qiáomàimiàn　蕎麦
过年 guònián　お正月をむかえる
又蹦又跳 yòu bèng yòu tiào　飛んだり跳ねたり
闹 nào　騒ぐ
科学家 kēxuéjiā　科学者

永远 yǒngyuǎn　末永く
亮亮的 liàngliàng de　ピカピカに
满满的 mǎnmǎn de　いっぱいに、ぎっしりに
省事儿 shěng shìr　手間を省く、手間が省かれる
方便面 fāngbiàn miàn　即席麺
实用 shíyòng　実用的
买卖 mǎimài　商売
赚钱 zhuàn qián　金を稼ぐ
干干净净 gāngān jìngjìng　きれいに
收拾 shōushi　片付ける
商量 shāngliang　相談する
家里 jiāli　家族
擦 cā　拭く、磨く
画 huà　描く
愿望 yuànwàng　願い、願望
梦想 mèngxiǎng　夢、理想

第12課　53

 ポイント

1. **面条又细又长。**／麺は細くて長い。
   - ① 玉米长得又高又大。　Yùmǐ zhǎng de yòu gāo yòu dà.
   - ② 他高兴得又蹦又跳。　Tā gāoxìng de yòu bèng yòu tiào.
   - ③ 孩子又哭又闹。　Háizi yòu kū yòu nào.

2. **希望过生日的人能够长寿。**／誕生日を迎える人が長寿でありますように願う。
   - ① 他希望当一名科学家。　Tā xīwàng dāng yìmíng kēxuéjiā.
   - ② 真希望他能来看我。　Zhēn xīwàng tā néng lái kàn wǒ.
   - ③ 希望我们永远做好朋友。　Xīwàng wǒmen yǒngyuǎn zuò hǎo péngyou.

3. **我要活得长长的。**／私は長く生きたいです。
   - ① 教室的桌子擦得亮亮的。　Jiàoshì de zhuōzi cā de liàngliàng de.
   - ② 书包里装得满满的。　Shūbāo li zhuāng de mǎnmǎn de.
   - ③ 文化节要搞得热热闹闹的。　Wénhuàjié yào gǎo de rèrènàonào de.

4. **在日本也有图吉祥吃面条的习惯。**／日本でも縁起かつぎに麺を食べる習慣があります。
   - ① 他图省事儿，常吃方便面。　Tā tú shěng shìr, cháng chī fāngbiànmiàn.
   - ② 图便宜买的书包不实用。　Tú piányi mǎi de shūbāo bù shíyòng.
   - ③ 做买卖不能只图赚钱。　Zuò mǎimài bù néng zhǐ tú zhuàn qián.

5. **我怎么没听说过？**／どうして私は聞いたことがないの？（そんなはずがないのに）
   - ① 你怎么没去看电影啊？　Nǐ zěnme méi qù kàn diànyǐng a?
   - ② 她怎么没告诉我？　Tā zěnme méi gàosu wǒ?
   - ③ 你怎么会没吃过汉堡包？　Nǐ zěnme huì méi chī guo hànbǎobāo?

 **練習問題**

1 日本語の意味に合うように単語を並べ替えて、文を完成させなさい。

❶ 次の期末テストはそんなに難しくないといいな。
（希望　难　下次　不那么　期末考试）
_____

❷ 彼は部屋を綺麗に片付けている。
（他把　房间　得　干干净净　收拾　的）
_____

❸ こんな大事なことをどうして家族と相談しなかったの？
（这么大的事　商量　你怎么没　家里　跟）
_____

❹ 高くて美味しくないレストランは喜ばれない。
（不受欢迎　又贵　餐厅　的　又不好吃）
_____

2 与えられた言葉から一つ選んで、穴埋めしなさい。

❶ 桌子擦得（　　　）。
（热热闹闹的　多多的　干干净净的　高高大大的）
❷ 我（　　　）省事儿，一次准备了两天的饭。
（画　图　描　写）
❸ 这里的住房（　　　）小（　　　）贵。
（也~也~　又~又~　就~就~　既~既~）
❹ （　　　）你以后再来。
（愿望　理想　希望　梦想）

3 中国語に訳しなさい。

❶ 床はピカピカに磨かれています。
_____

❷ あのレストランは安くて美味しいです。
_____

❸ 日本では新年を迎える時に蕎麦を食べます。　迎える：迎接
_____

❹ 良い仕事が見つかることを望んでいます。
_____

第十三课　我感冒了
Wǒ gǎnmào le

松本　你这两天怎么没来学校啊？
　　　Nǐ zhèi liǎngtiān zěnme méi lái xuéxiào a?

王　　我感冒了。头疼得要命，还不停地打喷嚏。
　　　Wǒ gǎnmào le. Tóu téng de yàomìng, hái bùtíng de dǎ pēntì.

松本　发不发烧？不会是得了流感吧？
　　　Fā bu fā shāo? Búhuì shì dé le liúgǎn ba?

王　　去医院看过了，大夫说不是流感。
　　　Qù yīyuàn kàn guo le, dàifu shuō búshì liúgǎn.

松本　这个季节很容易感冒，你得好好儿吃药、多休息。
　　　Zhèi ge jìjié hěn róngyì gǎnmào, nǐ děi hǎohāor chī yào、duō xiūxi.

王　　当时想请大夫给我打针，可他说什么也不给打。
　　　Dāngshí xiǎng qǐng dàifu gěi wǒ dǎ zhēn, kě tā shuō shénme yě bù gěi dǎ.

松本　在日本，一般的感冒大夫是不给打针的。
　　　Zài Rìběn, yìbān de gǎnmào dàifu shì bù gěi dǎ zhēn de.

王　　在我们中国，只要患者要求，大夫就给打。
　　　Zài wǒmen Zhōngguó, zhǐyào huànzhě yāoqiú, dàifu jiù gěi dǎ.

松本　还有人要求打针？多疼啊！
　　　Hái yǒu rén yāoqiú dǎ zhēn? Duō téng a!

王　　可是打了针好得快啊。
　　　Kěshì dǎ le zhēn hǎo de kuài a.

 新出語句

感冒　gǎnmào　風邪、風邪を引く
头疼　tóuténg　頭痛、頭が痛い
～得要命　～de yàomìng　死ぬほど～
打喷嚏　dǎ pēntì　くしゃみをする
发烧　fā shāo　熱を出す
得　dé　（病気に）かかる、なる
流感　liúgǎn　インフルエンザ
季节　jìjié　季節
好好儿　hǎohāor　ちゃんと
吃药　chī yào　薬を飲む
当时　dāngshí　その時
大夫　dàifu　医者
打针　dǎ zhēn　注射する
说什么也不～　shuō shénme yě bù～　どうしても～しない、何があっても～しない
一般的　yìbānde　普通の、通常の

只要～ 就～　zhǐyào～jiù～　～でさえ～すれば～
疼　téng　痛い
好得快　hǎo de kuài　治りが早い
吃多了　chīduō le　食べ過ぎた
上当　shàngdàng　騙される
掌握　zhǎngwò　身につける、習得する
不肯　bùkěn　～したがらない、嫌がる
蓝天　lán tiān　青い空
白云　bái yún　白い雲
刚出锅　gāng chū guō　出来立て、作りたて
香　xiāng　良い匂い、味が良い
危险　wēixiǎn　危ない
保存　bǎocún　保存する
发霉　fā méi　カビが生える
动脑子　dòng nǎozi　頭を使う
漂亮　piàoliang　綺麗だ

第13課　57

1 不会是得了流感吧。/ インフルエンザにかかったんじゃないでしょうね。

① 你**不会**是没吃早饭**吧**？　　Nǐ bú huì shì méi chī zǎofàn ba?

② 她**不会**是病了**吧**？　　Tā bú huì shì bìng le ba?

③ **不会**是吃多了**吧**？　　Bú huì shì chīduō le ba?

2 很容易感冒。/ とても風邪を引きやすい。

① 这首歌很**容易**学。　　Zhèi shǒu gē hěn róngyì xué.

② 他很**容易**上当。　　Tā hěn róngyì shàngdàng.

③ 汉语发音不**容易**掌握。　　Hànyǔ fāyīn bù róngyì zhǎngwò.

3 说什么也不给打。/ どうしても注射をしてくれません。

① 他说**什么也不**肯上学。　　Tā shuō shénme yě bù kěn shàng xué.

② 你说**什么也不**能走。　　Nǐ shuō shénme yě bùnéng zǒu.

③ 妈妈说**什么也不**同意我去留学。　　Māma shuō shénme yě bù tóngyì wǒ qù liúxué.

4 只要患者要求，大夫就给打。/ 患者が（さえ）求めれば、医者は（必ず）注射してくれます。

① **只要**你喜欢，**就**买吧。　　Zhǐyào nǐ xǐhuan, jiù mǎi ba.

② **只要**努力，**就**一定能学好。　　Zhǐyào nǔlì, jiù yídìng néng xuéhǎo.

③ **只要**习惯了，**就**会觉得好吃。　　Zhǐyào xíguàn le, jiù huì juéde hǎochī.

5 多疼啊！/ 痛すぎますよ！（なんて〜でしょう）。

① 蓝天白云，**多**美**啊**！　　Lán tiān bái yún, duō měi a!

② 刚出锅的炸鸡，**多**香**啊**！　　Gáng chū guō de zhá jī, duō xiāng a!

③ 一边走路，一边打手机，**多**危险**啊**！　　Yìbiān zǒulù, yìbiān dǎ shǒujī, duō wēixiǎn a!

 練習問題

1　日本語の意味に合うように単語を並べ替えて、文を完成させなさい。

① もう９時過ぎたのに、彼はまだ来ていない。忘れたのではないでしょうね。
（都九点多了　他　忘了吧　没来　不会是　还）
_____

② この字は書き間違いやすい。
（这　容易　字　个　写错）
_____

③ この本は難し過ぎて、私はどうしても分かりません。
（这本书太难　说什么也　我　不明白　看）
_____

④ あなたさえ賛成してくれれば、準備を始めます。
（只要你　就　同意　开始　做准备）
_____

2　与えられた言葉から一つ選んで、穴埋めしなさい。

① 保存不好的话，很（　　　）发霉。
（简单　容易　不容易　不简单）
② 只要动动脑子，（　　　）能理解。
（也　就　会　可以）
③ 那首歌太难了，我说什么（　　　）唱不好。
（也　越　已　没）
④ 你快看，这儿的风景（　　　）漂亮啊！
（少　多　大　小）

3　中国語に訳しなさい。

① ちょっと用意さえすれば難しくありません。
_____

② 彼はどうしても薬を飲みたがりません。
_____

③ 忘れたのではないでしょうね。
_____

④ ここの桜はなんて綺麗でしょう。
_____

第13課　59

第十四课 等考完期末考试再去
Děng kǎo wán qīmò kǎoshì zài qù

王　　你 今天 的 这 件 大衣 真 好看。
　　　Nǐ jīntiān de zhèi jiàn dàyī zhēn hǎokàn.

松本　是 吗？是 昨天 刚 买 的。
　　　Shì ma? Shì zuótiān gāng mǎi de.

王　　不仅 颜色 漂亮，而且 式样 也 很 新颖，一定 很 贵 吧？
　　　Bù jǐn yánsè piàoliang, érqiě shìyàng yě hěn xīnyǐng, yídìng hěn guì ba?

松本　原来 很 贵，现在 打 七 折 了。
　　　Yuánlái hěn guì, xiànzài dǎ qī zhé le.

王　　真 的？我 今年 也 想 买 件 大衣。
　　　Zhēn de? Wǒ jīnnián yě xiǎng mǎi jiàn dàyī.

松本　你 现在 穿 的 这 件 不是 也 挺好 吗？
　　　Nǐ xiànzài chuān de zhèi jiàn búshì yě tǐnghǎo ma?

王　　这 件 还是 我 来 日本 以前 妈妈 给 我 买 的 呢。
　　　Zhèi jiàn háishi wǒ lái Rìběn yǐqián māma gěi wǒ mǎi de ne.

松本　各 大 商场 正在 搞 大 甩卖，你 快 去 看看 吧。
　　　Gè dà shāngchǎng zhèngzài gǎo dà shuǎimài, nǐ kuài qù kànkan ba.

王　　我 想 等 考 完 期末 考试 再 去。
　　　Wǒ xiǎng děng kǎo wán qīmò kǎoshì zài qù.

松本　那 你 就 加油儿，好好儿 准备 吧。
　　　Nà nǐ jiù jiāyóur, hǎohāor zhǔnbèi ba.

 新出語句

式样 shìyàng　デザイン
新颖 xīnyǐng　斬新だ
打折 dǎzhé　割引する　打七折／三割引をする
不是~吗 búshì~ma　~ではないでしょうか
挺好 tǐnghǎo　なかなかいい
还是 háishi　意外にも、なんと
各 gè　各、それぞれ（の）
商场 shāngchǎng　デパート
冬季 dōngjì　冬季
大甩卖 dà shuǎimài　大バーゲン、セール
加油儿 jiāyóur　頑張る
质量 zhìliàng　品質
夏天 xiàtiān　夏
（花）开 (huā) kāi　咲く
秋天 qiūtiān　秋

改姓 gǎi xìng　姓を改める
农村 nóngcūn　農村
变成 biànchéng　~に変わる
城市 chéngshì　都市、都会
图书 túshū　図書
名牌表 míngpái biǎo　有名ブランドの腕時計
奥林匹克 Àolínpǐkè　オリンピック
选手 xuǎnshǒu　選手、アスリート
智能手机 zhìnéng shǒujī　スマートフォン
故宫博物院 Gùgōng bówùyuàn　故宮博物院
找工作 zhǎo gōngzuò　仕事を探す
烧开 shāokāi　沸かす
联系 liánxì　連絡する
台风 táifēng　台風

1 不仅颜色漂亮，式样也很新颖。／色が綺麗なだけではなく、デザインも斬新だ。

① **不仅**价格便宜，质量**也**不错。　Bùjǐn jiàgé piányi, zhìliàng yě bú cuò.

② **不仅**大人喜欢，小孩儿**也**喜欢。　Bùjǐn dàrén xǐhuan, xiǎoháir yě xǐhuan.

③ 这种花**不仅**夏天开，秋天**也**开。　Zhèi zhǒng huā bùjǐn xiàtiān kāi, qiūtiān yě kāi.

2 原来很贵，现在打七折了。／もと（当初）は高かったですが、いまは３割引です。

① **原来**不喜欢，**现在**喜欢了。　Yuánlái bù xǐhuan, xiànzài xǐhuan le.

② 她**原来**姓后藤，结婚以后**现在**改姓木村了。
　Tā yuánlái xìng Hòuténg, jiéhūn yǐhòu xiànzài gǎi xìng Mùcūn le.

③ 这里**原来**是农村，**现在**变成城市了。
　Zhèli yuánlái shì nóngcūn, xiànzài biànchéng chéngshì le.

3 现在打七折了。／いまは３割引しています。

① 那家商场明天开始**打五折**。　Nèi jiā shāngchǎng míngtiān kāishǐ dǎ wǔ zhé.

② 图书也**打折**吗？　Túshū yě dǎ zhé ma?

③ 听说名牌表不**打折**。　Tīngshuō míngpái biǎo bù dǎ zhé.

4 这件还是我来日本以前妈妈给我买的呢。／これは（なんと）日本に来る前に母が買ってくれたものなの。

① 他**还是**参加过奥林匹克的选手呢。　Tā háishi cānjiā guo Àolínpǐkè de xuǎnshǒu ne.

② 我**还是**第一次用智能手机。　Wǒ háishi dìyīcì yòng zhìnéng shǒujī.

③ 这**还是**在故宫博物院买的呢。　Zhè háishi zài Gùgōng bówùyuàn mǎi de ne.

5 等考完期末考试再去。／期末テストを終えてから行きます。

① 找工作的事，等明年**再**说吧。　Zhǎo gōngzuò de shì, děng míngnián zài shuō ba.

② **等**水烧开了**再**喝。　Děng shuǐ shāo kāi le zài hē.

③ 你应该**等**病好了**再**出去玩儿。　Nǐ yīnggāi děng bìng hǎo le zài chū qu wánr.

 **練習問題**

1 日本語の意味に合うように単語を並べ替えて、文を完成させなさい。

❶ 彼に早く連絡した方が良い。
（你　早点儿　跟他　联系　最好）

❷ この本は面白いだけでなく、とても実用的だ。
（这本书　不仅　而且　很实用　有意思）

❸ 彼は値引きしてくれましたか。
（他　吗　打折　给　了　你）

❹ 雨がやんだら、出かけます。
（等　雨　再　停了　出门）

2 与えられた言葉から一つ選んで、穴埋めしなさい。

❶ 我不仅喜欢城市，（　　　）喜欢农村。
（不　也　就　可以）
❷ 他们俩（　　　）在大学认识的呢。
（总是　还是　正在　现在）
❸ 来台风了，你（　　　）早点儿回家。
（来　最好　快点儿　不）
❹ （　　　）开完会，再去吃饭。
（等　一下　一起　一次）

3 中国語に訳しなさい。

❶ 本は二割引します。

❷ パソコンでちょっと調べたほうがいいです。

❸ 授業に来ないばかりではなく、宿題もしません。

❹ 夏休みが終わったら、試験の用意を始めます。

第十五課 时间过得真快啊
Shíjiān guò de zhēn kuài a

松本　时间 过 得 真 快 啊!
　　　Shíjiān guò de zhēn kuài a!

王　　每天 不是 学习 就是 打 工，一年 一转眼 就 过去 了。
　　　Měitiān bú shì xuéxí jiùshì dǎ gōng, yìnián yìzhuǎnyǎn jiù guòqu le.

松本　毕业 以后 你 打算 在 日本 工作 吗?
　　　Bìyè yǐhòu nǐ dǎsuan zài Rìběn gōngzuò ma?

王　　还 没 想好。 有时 想 留 在 日本，有时 又 想 回 国 工作。
　　　Hái méi xiǎnghǎo. Yǒushí xiǎng liú zài Rìběn, yǒushí yòu xiǎng huí guó gōngzuò.

松本　听说 中国 的 大学 毕业生 也 面临 就业 难 的 问题。
　　　Tīngshuō Zhōngguó de dàxué bìyèshēng yě miànlín jiùyè nán de wèntí.

王　　对。不过 国内 还是 很 欢迎 留学生 回国 工作 的。
　　　Duì. Búguò guónèi háishi hěn huānyíng liúxuéshēng huí guó gōngzuò de.

松本　大家 好像 把 从 海外 归国 的 人 称 作 "海龟"。
　　　Dàjiā hǎoxiàng bǎ cóng hǎiwài guīguó de rén chēng zuò "hǎiguī".

王　　虽然 他们 都 有 学历，但 也 很 难 找 到 理想 的 工作。
　　　Suīrán tāmen dōu yǒu xuélì, dàn yě hěn nán zhǎo dào lǐxiǎng dè gōngzuò.

松本　所以 又 把 那些 在 家 待 业 的 "海龟" 叫 做 "海带"。
　　　Suǒyǐ yòu bǎ nèixiē zài jiā dài yè de "hǎiguī" jiào zuò "hǎidài".

王　　你 的 汉语 真 是 越来越 好 了。我 看 你 该 去 中国 工作 了。
　　　Nǐ de Hànyǔ zhēn shì yuèláiyuè hǎo le. Wǒkàn nǐ gāi qù Zhōngguó gōngzuò le.

64

 新出語句

过 guò （時間を）過ごす、経過する
一转眼 yìzhuǎnyǎn 瞬く間に、あっという間に
归国 guīguó 帰国する
面临 miànlín 直面する
就业难 jiùyènán 就職難
问题 wèntí 問題
海外 hǎiwài 外国、海外
称作 chēng zuò ～と呼ぶ、呼ばれる
海龟 hǎiguī ウミガメ（海外からの帰国者をさす）
学历 xuélì 学歴
理想的 lǐxiǎng de 理想的
在家待业 zàijiā dài yè 求職中
叫做 jiào zuò ～と言う
海带 hǎidài 昆布（求職中の海外帰国者をさす）

我看 wǒkàn 私は～と思う
刮风 guā fēng 風が吹く
难受 nánshòu つらい
停水／停电 tíng shuǐ/tíng diàn 断水する・停電する
国家经济 guójiā jīngjì 国の経済
失业 shī yè 失業する
重大选择 zhòngdà xuǎnzé 重大な選択
园丁 yuándīng 庭師、「先生」の別称
老婆 lǎopó 妻、奥さん、かみさん
80后 bālíng hòu 1980年代生まれの人をさす
方案 fāng'àn プラン、考え
倒闭 dǎobì 倒産する
国际博览会／世博 guójì bólǎnhuì/shìbó 万博
故障 gùzhàng 故障する、トラブル

第15課 65

1 不是学习就是打工，一年一转眼就过去了。／勉強しない時はバイトをしていて、一年はあっという間に経ちました。

① 这几天**不是**刮风，**就是**下雨。　Zhè jǐ tiān búshì guā fēng, jiù shì xià yǔ.

② 最近**不是**头疼，**就是**发烧，难受极了。　Zuìjìn bú shì tóuténg, jiù shì fāshāo, nánshòu jí le.

③ 这里**不是**停水，**就是**停电，真不方便。
Zhèli bú shì tíng shuǐ, jiù shì tíng diàn, zhēn bù fāngbiàn.

2 你打算在日本工作吗？／日本で仕事をするつもりですか。

① 把你的**打算**告诉我吧。　Bǎ nǐ de dǎsuan gàosu wǒ ba.

② 你对今后有什么**打算**？　Nǐ duì jīnhòu yǒu shénme dǎsuan?

③ 我**打算**去国外工作。　Wǒ dǎsuan qù guówài gōngzuò.

3 中国的大学生也面临就业难的问题。／中国の大学生も就職難に直面している。

① 国家经济**面临**很多困难。　Guójiā jīngjì miànlín hěnduō kùnnan.

② 有**面临**失业的危险。　Yǒu miànlín shī yè de wēixiǎn.

③ 快毕业了，我们都**面临**着重大选择。
Kuài bìyè le, wǒmen dōu miànlín zhe zhòngdà xuǎnzé.

4 把从海外回国的人称作海龟。／海外から帰国した人を海亀という。

① 在中国，人们**把**老师**称作**园丁。　Zài Zhōngguó, rénmen bǎ lǎoshī chēng zuò yuándīng.

② 为什么**把**年轻的妻子**称作**老婆呢？　Wèishénme bǎ niánqīng de qīzǐ chēng zuò lǎopó ne?

③ 我们**把**八十年代出生的人**称作**"80后"。
Wǒmen bǎ bāshíniándài chūshēng de rén chēng zuò "bālíng hòu".

5 我看你应该去中国工作了。／中国に仕事に行ったほうが良いと思う。

① **我看**问题在你。　Wǒkàn wèntí zài nǐ.

② **你看**这样写行吗？　Nǐkàn zhèiyàng xiě xíng ma?

② **我看**你的方案非常理想。Wǒkàn nǐ de fāng'àn fēicháng lǐxiǎng.

 練習問題

1 日本語の意味に合うように単語を並べ替えて、文を完成させなさい。

① 卒業した後、ヨーロッパに行くか、アメリカに行くか（で）、みな海外に行きました。
（不是　毕业　就是　以后　去欧洲　去美国　都　了　到外国去）
_____

② あの店は倒産の危機に直面しています。
（那家商店　危险　倒闭　面临　的）
_____

③ このことはそんなに単純ではないと思います。
（我　这件事　看　不那么　简单）
_____

④ 高すぎるか、綺麗じゃないか（で）、気に入ったのが買えなかった。
（太贵　不是　喜欢的　就是　不好看　没买到）
_____

2 与えられた言葉から一つ選んで、穴埋めしなさい。

① 我（　　　）咱们最好明天去吧。
（听　写　看　念）
② 把国际博览会（　　　）世博。
（说作　唱做　喊做　称作）
③ 电车（　　　）出故障，就是发生事故，经常晚点。
（也是　可是　但是　不是）
④ 我（　　　）回国了。
（打算　计算　估算　上算）

3 中国語に訳しなさい。

1　私は中国で仕事をするつもりです。
_____

2　卒業したら日本で就職しますか。
_____

3　時が過ぎるのは早いものです。
_____

4　あなたの中国語は本当に素晴らしいですね。
_____

単 語 索 引

※数字は課数を示す

【A】

奥林匹克	Àolínpǐkè	オリンピック	14
阿姨	āyí	おばさん、おばちゃん	4

【B】

把	bǎ	「ポイント」参照	4
白的	bái de	白い色の	6
拜访	bài fǎng	訪問する	10
白云	bái yún	白い雲	13
80 后	bālíng hòu	1980 年代生まれの人をさす	15
办	bàn	する	6
帮	bāng	手伝う、代わりに	2
棒	bàng	素晴らしい	3
帮助	bāngzhù	助け、助ける	5
保存	bǎocún	保存する	13
报告	bàogào	レポート、報告	8
报考	bàokǎo	受験する	10
杯	bēi	(液体の量を数える)杯	1
背	bèi	暗誦する	1
比	bǐ	～に比べて、～より	7
变成	biànchéng	～に変わる	14
便利店	biànlìdiàn	コンビニ	1
表演	biǎoyǎn	演技する	9
别	bié	～しないで	3
别的	bié de	他の	10
笔试	bǐshì	筆記試験	8
毕业	bìyè	卒業する	10
不光～还(也)～	bùguāng～hái～	～だけではなく、～も～だ。	10
不过	búguò	しかし	7
不好意思	bùhǎoyìsi	申し訳ない、気恥ずかしい	4
不见不散	bújiànbúsàn	(待ち合わせの時に)互いに会うまで待つこと	2
不仅～而且～	bùjǐn～érqiě～	～だけでなく、しかも（その上）～	3
不肯	bùkěn	～したがらない、嫌がる	13
不是～吗	búshì～ma	～ではないでしょうか	14
不行	bùxíng	ダメだ、役に立たない	1
不一定	bùyídìng	そうとは限らない	5

【C】

擦	cā	拭く、磨く	12
才	cái	やっと	9
才	cái	①わずかに、～だけ ②(断定的に)～といったら、それこそ～だ	11
餐馆儿	cānguǎnr	レストラン	10
差	chà	よくない、悪い	10
差不多	chàbuduō	ほとんど	2
差点儿	chàdiǎnr	もう少しで～するところだ	4
尝	cháng	味見をする	2
场	chǎng	(試合などを数える)回	1
唱	chàng	歌う	1
长长的	chángcháng de	長く、長い	12
长寿	chángshòu	長生きする	12
长寿面	chángshòumiàn	誕生日に、長生きするよう願いを込めて食べる麺	11
茶叶	cháyè	お茶	4
城市	chéngshì	都市、都会	14
称作	chēng zuò	～と呼ぶ、呼ばれる	15
车站	chēzhàn	駅、バス停	2
迟到	chídào	遅刻する	4
吃多了	chī duō le	食べ過ぎた	13
吃药	chī yào	薬を飲む	13
愁	chóu	悩み、悩む	8
穿	chuān	着る、履く	10
床	chuáng	ベッド	5
除了～还	chúle～hái	～のほか、更に～	8
出门儿	chū ménr	出かける	3
初中	chūzhōng	中学校	2

68

从	cóng	～から	1
聪明	cōngming	賢い	12
存钱	cún qián	貯金する	9

【D】

打喷嚏	dǎ pēntì	くしゃみをする	13
大甩卖	dà shuǎimài	大バーゲン、セール	14
打招呼	dǎ zhāohu	声をかける、断わる	8
带	dài	連れる	2
大夫	dàifu	医者	13
大减价	dà jiǎnjià	バーゲンセール	11
打铃	dǎlíng	ベルが鳴る	7
但	dàn	しかし、けれども	3
当家教	dāng jiājiào	家庭教師をする	6
蛋糕	dàngāo	ケーキ	9
当翻译	dāng fānyì	通訳になる	4
当然	dāngrán	当然、もちろん	8
当时	dāngshí	その時	13
到	dào	～へ行く・来る	3
倒闭	dǎobì	倒産する	15
道歉	dào qiàn	謝る	11
打扰	dǎrǎo	邪魔をする	3
打算	dǎsuan	つもり、予定	2
大衣	dàyī	コート	2
打折	dǎzhé	割引する	14
打针	dǎ zhēn	注射する	13
得	dé	（病気に）かかる、なる	13
～得要命	～de yàomìng	死ぬほど～	13
～得多	deduō	だいぶ～、ずっと～	7
得	děi	～しなければならない	9
等	děng	待つ	2
地	dì	床、地面	5
电车	diànchē	電車	3
点心	diǎnxin	お菓子、おやつ	4
点心店	diǎnxin diàn	菓子屋	6
电影	diànyǐng	映画	1
地铁	dìtiě	地下鉄	1
动脑子	dòng nǎozi	頭を使う	13
冬季	dōngjì	冬季	14
东西	dōngxi	（食べ）物、もの	10
对	duì	そうです、その通りです	4
堆	duī	積み上げる、積む	10

对 ～	duì～	～に対して	7
对了	duì le	（思い出して）あ、そうだ！	4
顿	dùn	（食事などを数える）回	1
多次	duōcì	何回も	9

【E】

饿	è	腹が減る	8

【F】

发邮件	fā yóujiàn	Ｅメールを送る	9
发霉	fā méi	カビが生える	13
翻	fān	訳す	11
饭菜	fàncài	料理	10
放	fàng	置く	4
方案	fāng'àn	プラン、考え	15
方便面	fāngbiànmiàn	即席麺	12
方便	fāngbiàn	便利だ	2
饭团儿	fàntuánr	おにぎり	10
发烧	fā shāo	熱を出す	13
发音	fāyīn	発音	4
法语	Fǎyǔ	フランス語	3
份儿	fènr	セット	10

【G】

盖大楼	gài dàlóu	ビルを建てる	7
改天	gǎitiān	後日、日を改める	3
改姓	gǎi xìng	姓を改める	14
干	gàn	する	11
干干净净	gāngān jìngjìng	きれいに	12
刚出锅	gāng chū guō	出来立て、作りたて	13
感冒	gǎnmào	風邪、風邪を引く	13
搞	gǎo	やる、する	9
告诉	gàosu	知らせる、伝える	3
高兴	gāoxìng	うれしい	1
各	gè	各、それぞれ（の）	14
给～过生日	gěi～guò shēngrì	～に誕生日を祝ってあげる	11
各种	gèzhǒng	各種、いろいろ	9
个子	gèzi	身長	7
狗	gǒu	犬	8
刮风	guā fēng	風が吹く	15
罐儿	guànr	缶、カンに入っているものを数える	10

単語索引　69

故宫博物院	Gùgōngbówùyuàn	故宮博物院	14
归国	guīguó	帰国する	15
贵	guì	値段が高い	11
过	guò	（時間を）過ごす、経過する	15
国际博览会/世博	guójì bólǎnhuì/shìbó	万博	15
国家经济	guójiā jīngjì	国の経済	15
过年	guònián	お正月をむかえる	12
故障	gùzhàng	故障する、トラブル	15

【H】

海带	hǎidài	昆布（求職中の海外帰国者をさす）	15
海龟	hǎiguī	ウミガメ（海外からの帰国者をさす）	15
还是	háishi	意外にも、なんと	14
海外	hǎiwài	外国、海外	15
孩子	háizi	子供	6
好得快	hǎo de kuài	治りが早い	13
好吃的	hǎochī de	美味しいもの	11
好好儿	hǎohāor	ちゃんと	13
好久	hǎojiǔ	久しい	9
好像	hǎoxiàng	～のようだ	6
好意	hǎoyì	好意	5
喝	hē	飲む	1
和好	héhǎo	仲直りする	7
红的	hóng de	赤い色の	6
厚	hòu	厚い	8
画	huà	描く	12
滑冰	huábīng	スケートをする	10
滑倒	huádǎo	滑って転ぶ	4
坏	huài	最悪、悪い	8
还	huán	返す、返却する	1
欢迎	huānyíng	いらっしゃい	4
滑雪	huáxuě	スキーをする	10
会话	huìhuà	会話	1
回家	huíjiā	家に帰る	6
活动	huódòng	イベント	9

【J】

急	jí	急ぐ、焦る	9
寄	jì	郵送する	3
家里	jiāli	家族	12
家门	jiāmén	家の玄関	4

件	jiàn	①（上着を数える）枚、着 ②用件、事柄を数える	2
煎牛肉饼	jiānniúròubǐng	ハンバーガー	11
剪毛	jiǎnmáo	トリーミングをする	11
教	jiāo	教える	1
交	jiāo	出す、渡す	4
交朋友	jiāo péngyou	友達になる、友達を作る	1
叫做	jiàozuò	～と言う	15
加油儿	jiāyóur	頑張る	14
基本上	jīběnshang	基本的、ほとんど	3
鸡蛋	jīdàn	たまご	10
结婚	jiéhūn	結婚する	9
解释	jiěshì	説明する、解釈する	11
季节	jìjié	季節	13
进	jìn	入る	4
经常	jīngcháng	よく、常々	3
京剧	jīngjù	京劇	1
紧张	jǐnzhāng	ハード、忙しい	10
禁止	jìnzhǐ	禁止する	9
就	jiù	①すでに、もう ②（強調を表す）ほかでもない、絶対に	2
就业难	jiùyè nán	就職難	15
吉祥	jíxiáng	めでたい	12
举办	jǔbàn	行う、開催する	9
剧场	jùchǎng	劇場	10
觉得	juéde	思う、感じる	3

【K】

（花）开	kāi	咲く	14
开朗	kāilǎng	（性格が）明るい	7
开始	kāishǐ	～し始める	2
看来	kànlái	見たところ	7
看上	kànshang	気に入る	7
烤肉店	kǎoròu diàn	焼肉店	2
考试	kǎoshì	テスト、テストする	8
课	kè	授業	8
可爱	kě'ài	かわいい	8
课本	kèběn	テキスト	7
肯定	kěndìng	きっと	9
客气	kèqi	遠慮する、気を遣う	3
课上	kèshang	授業中	11
课外活动	kèwài huódòng	部活	2
科学家	kēxuéjiā	科学者	12

空儿	kòngr	暇、時間	6
哭	kū	泣く	6
酷	kù	格好いい、クール	7
快~了	kuài ~ le	もうすぐ~	8
快哭了	kuài kū le	泣きそうになる	1
快餐店	kuàicān diàn	ファーストフード店	2
快点儿	kuàidiǎnr	早く、急いで	2
困难	kùnnan	困難、困ること	3

【L】

来一个	lái yí ge	一つ頂く	10
蓝天	lán tiān	青い空	13
老年人	lǎoniánrén	年配の人、高齢者	5
老婆	lǎopó	妻、奥さん	15
累	lèi	疲れる	8
俩	liǎ	二人	4
亮亮的	liàngliàng de	ピカピカに	12
联系	liánxì	連絡する	14
聊	liáo	しゃべる	4
聊天儿	liáo tiānr	雑談する、世間話をする	5
零花钱	línghuāqián	小遣い	6
流感	liúgǎn	インフルエンザ	13
流利	liúlì	流暢だ	1
理想的	lǐxiǎngde	理想的	15

【M】

麻烦	máfan	面倒をかける	8
卖	mài	売る	10
买	mǎi	買う	10
买东西	mǎi dōngxi	買い物をする	2
买卖	mǎimài	商売	12
忙	máng	忙しくする	9
满满的	mǎnmǎn de	いっぱいに、ぎっしりに	12
慢慢儿	mànmānr	ゆっくり	4
猫	māo	猫	8
美容店	měiróng diàn	美容院	11
没问题	méi wèntí	問題ない、いいとも	2
梦想	mèngxiǎng	夢、理想	12
面包	miànbāo	パン	5
面临	miànlín	直面する	15
勉强	miǎnqiǎng	無理する	3
面条	miàntiáo	麺類	6
米饭	mǐfàn	ごはん	6

明白	míngbai	理解する、分かる	11
名牌表	míngpái biǎo	有名ブランドの腕時計	14

【N】

哪里哪里	nǎli nǎli	とんでもない（褒められた時の返事）	1
男朋友	nánpéngyou	ボーイフレンド	7
难受	nánshòu	つらい	15
闹	nào	騒ぐ	12
那天	nèi tiān	その日、~の当日	9
能够	nénggòu	出来る	12
年轻人	niánqīng rén	若者	2
年夜饭	niányèfàn	年越しの食事	12
农村	nóngcūn	農村	14

【O】

欧洲	Ōuzhōu	ヨーロッパ	9

【P】

跑	pǎo	走る	10
陪	péi	付き合う	2
篇	piān	文章などを数える	8
便宜	piányi	安い	11
漂亮	piàoliang	綺麗だ	13
瓶	píng	ビン、瓶に入っているものを数える	10
平时	píngshí	普段	10

【Q】

骑摩托车	qí mótuōchē	オートバイに乗る	9
千万	qiānwàn	くれぐれも	3
荞麦面	qiáomàimiàn	蕎麦	12
起床	qǐ chuáng	起きる	2
奇怪	qíguài	おかしい	5
期末	qīmò	期末	8
请多关照	qǐng duō guānzhào	宜しくお願いします	1
庆祝	qìngzhù	祝う	9
亲眼	qīnyǎn	この目で	9
求	qiú	頼む	3
球拍儿	qiúpār	ラケット	10
秋天	qiūtiān	秋	14
趣味相投	qùwèixiāngtóu	意気投合する	7
裙子	qúnzi	スカート	5

単語索引　71

【R】

热狗	règǒu	ホットドッグ	10
热闹	rènao	にぎやか	9
认识	rènshi	知り合う	1
热情	rèqíng	親切である	7
容易	róngyi	易しい、簡単	7
如果～就～	rúguǒ～jiù	もし～ならば～だ	3

【S】

沙发	shāfā	ソファー	5
上星期	shàng xīngqī	先週	5
商场	shāngchǎng	デパート	14
上当	shàngdàng	騙される	13
上课	shàng kè	授業する、授業を受ける	6
商量	shāngliang	相談する	12
烧开	shāokāi	沸かす	14
盛情款待	shèngqíng kuǎndài	心のこもったもてなし	5
省事儿	shěng shìr	手間を省く、手間が省かれる	12
生鱼片	shēngyúpiàn	刺身	3
什么的	shénme de	など	10
事儿	shìr	用事、用件、こと	2
式样	shìyàng	デザイン	14
失业	shī yè	失業する	15
实用	shíyòng	実用的	12
识字	shí zì	読み書きを覚える	2
首	shǒu	（歌などを数える）曲	1
首次	shǒucì	初めての、最初の	9
手机	shǒujī	ケータイ	2
收拾	shōushi	片付ける	12
寿司	shòusī	寿司	3
收下	shōuxia	受け取る	4
睡	shuì	寝る	5
睡懒觉	shuì lǎnjiào	寝坊する	10
水平	shuǐpíng	レベル	8
暑假	shǔjià	夏休み	8
说什么也不～	shuō shénme yě bù～	どうしても～しない、何があっても～しない	13
说相声	shuō xiàngsheng	漫才をする	9
死	sǐ	死ぬ、最強に	8
送	sòng	あげる、プレゼントする	1
锁门	suǒmén	鍵をかける	4
所以	suǒyǐ	だから	7
宿舍	sùshè	宿舎	3

【T】

台风	táifēng	台風	14
弹钢琴	tán gāngqín	ピアノを弾く	2
趟	tàng	（行き帰りを数える）回	2
躺	tǎng	横になる、横たわる	5
榻榻米	tàtàmǐ	畳	5
疼	téng	痛い	13
挺	tǐng	けっこう	3
挺好	tǐnghǎo	なかなかいい	14
停水／停电	tíng shuǐ/tíng diàn	断水する・停電する	15
听说～	tīngshuō～	～と聞いている、～だそうだ	5
体验	tǐyàn	体験する	10
同窗会	tóngchuānghuì	同窓会	9
头疼	tóuténg	頭痛、頭が痛い	13
图	tú	図る、求める	12
托	tuō	頼む	6
脱	tuō	脱ぐ	4
图书	túshū	図書	14
图书室	túshūshì	図書室	6
T 恤衫	Txùshān	Tシャツ	2

【W】

晚点	wǎndiǎn	遅延する	4
忘	wàng	忘れる	4
玩儿	wánr	遊び、遊ぶ	9
危险	wēixiǎn	危ない	13
文化节	wénhuàjié	文化祭	9
问题	wèntí	問題	15
我看	wǒkàn	私は～と思う	15
屋子	wūzi	部屋	4

【X】

洗	xǐ	洗う	4
先	xiān	まず、先に	4
香	xiāng	良い匂い、味が良い	13
像～	xiàng～	～みたい（な）	5
香肠	xiāngcháng	ソーセージ、ウインナー	10
相亲	xiāngqīn	お見合いをする	9

相声	xiàngsheng	漫才	9
想像	xiǎngxiàng	想像する	5
相信	xiāngxìn	信じる	7
象征	xiàngzhēng	象徴、象徴する	12
羡慕	xiànmù	羨ましい	7
校服	xiàofú	学校の制服	10
校门口	xiàoménkǒu	学校の入り口	2
小摊儿	xiǎotānr	露店	10
消息	xiāoxi	ニュース、知らせ	7
校园	xiàoyuán	キャンパス	9
夏天	xiàtiān	夏	14
下雨	xiàyǔ	雨が降る	4
下周	xiàzhōu	来週	9
鞋	xié	靴	4
写作业	xiě zuòyè	宿題をする	2
习惯	xíguàn	慣れる	3
行	xíng	よろしい	2
性格	xìnggé	性格	7
新年聚会	xīnnián jùhuì	新年会	11
新式	xīnshì	新型	11
心意	xīnyì	気持ち	4
新颖	xīnyǐng	斬新だ	14
希望	xīwàng	願う、望む	12
洗澡	xǐzǎo	風呂に入る	11
选手	xuǎnshǒu	選手、アスリート	14
学历	xuélì	学歴	15
需要	xūyào	需要	8

【Y】

牙科	yákē	歯科、歯医者	6
养	yǎng	飼う、養う	8
颜色	yánsè	色、カラー	11
药	yào	薬	6
钥匙	yàoshi	鍵	10
一般	yìbān	普通である	7
一般	yìbān	通常、大抵	6
一般的	yìbānde	普通の、通常の	13
意大利面	Yìdàlì miàn	パスタ、スパゲッティ	11
一点儿	yìdiǎnr	少しの、少し	4
以后	yǐhòu	これから、今後	1
一见钟情	yíjiànzhōngqíng	一目ぼれ	7
樱花	yīnghuā	さくら	10
影院	yǐngyuàn	映画館	10
因人而异	yīnrén éryì	人によって異なる	11

饮食店	yǐnshídiàn	飲食店	6
因为	yīnwèi	なぜなら	5
意思	yìsi	意味	12
以为	yǐwéi	思う	5
一样	yíyàng	同じ	2
一转眼	yìzhuǎnyǎn	瞬く間に、あっという間に	15
用	yòng	使う、使用する	2
永远	yǒngyuǎn	末永く	12
有的地方	yǒu de dìfang	あるところ	5
又蹦又跳	yòu bèng yòu tiào	飛んだり跳ねたり	12
有时	yǒushí	時には、時々	3
又细又长	yòu xì yòu cháng	細くて長い	12
园丁	yuándīng	庭師、「先生」の別称	15
原来	yuánlái	なんと（…であったか）	10
愿望	yuànwàng	願い、願望	12
圆珠笔	yuánzhūbǐ	ボールペン	1
约	yuē	誘う	6
越来越~	yuèláiyuè~	ますます~	8

【Z】

在家待业	zàijiā dài yè	求職中	15
早点儿	zǎodiǎnr	早めに	7
怎么好意思~	zěnme hǎoyìsi	~するには申し訳ない	8
炸鸡	zhájī	フライドチキン、から揚げ	10
站	zhàn	立つ	5
掌握	zhǎngwò	身につける、習得する	13
长知识	zhǎng zhīshi	勉強になる	5
占位子	zhàn wèizi	席を取る	2
找	zhǎo	さがす	7
找工作	zhǎo gōngzuò	仕事を探す	14
这么回事儿	zhème huíshìr	こんなこと、このとおり	10
真不错	zhēn búcuò	なかなか上手だ	1
挣	zhèng	（お金を）稼ぐ	6
正好	zhènghǎo	ちょうどいい	10
这样	zhèyàng	このよう（な）	5
只	zhǐ	ただ	6
只不过	zhǐbúguò	ただ~に過ぎない	4
质量	zhìliàng	品質	14
智能手机	zhìnéng shǒujī	スマートフォン	14

単語索引　73

只要～ 就～	zhǐyào jiù～	～でさえ～すれば～	13
只有～才～	zhǐyǒu～cái～	～だけが～	5
种	zhǒng	タイプ、種類	6
中餐	zhōngcān	中華料理	1
重大选择	zhòngdà xuǎnzé	重大な選択	15
重要	zhòngyào	重要な、大事な	11
周	zhōu	週	6
周末	zhōumò	週末	11
装	zhuāng	入れる、詰め込む	10
专卖店	zhuānmài diàn	専門店	11
赚钱	zhuànqián	金を稼ぐ	12
逐渐	zhújiàn	徐々に	6
准备	zhǔnbèi	準備する、支度する	8
桌子	zhuōzi	机、テーブル	7
走	zǒu	行く、出かける	7
走廊	zǒuláng	廊下	5
最近	zuìjìn	最近	6
座	zuò	（山やビルなど）どっしりしたものを数える	5
做	zuò	する	9
坐	zuò	乗る、座る	1
足球比赛	zúqiú bǐsài	サッカーの試合	1
组织	zǔzhi	行う	9

著　者

葉　　紅
　　駿河台大学教授

飯島　啓子
　　東京外国語大学講師

改訂版
ステップアップ
対話で楽しむ中国語

2025. 2. 1　初 版 発 行

発行者　上野名保子

発行所　〒101-0062　東京都千代田区神田駿河台３の７　　　株式会社　駿河台出版社
　　　　電話 03(3291)1676　FAX 03(3291)1675
　　　　振替 00190-3-56669
　　　　E-mail：edit@e-surugadai.com
　　　　URL：http://www.e-surugadai.com

製版／印刷　倉敷印刷
ISBN978-4-411-03170-9 C1087 ¥2400E

中国語音節全表

韻母 声母	1														i	ia	iao	ie
	a	o	e	-i	er	ai	ei	ao	ou	an	en	ang	eng	ong	i	ia	iao	ie
b	ba	bo				bai	bei	bao		ban	ben	bang	beng		bi		biao	bie
p	pa	po				pai	pei	pao	pou	pan	pen	pang	peng		pi		piao	pie
m	ma	mo	me			mai	mei	mao	mou	man	men	mang	meng		mi		miao	mi
f	fa	fo					fei		fou	fan	fen	fang	feng					
d	da		de			dai	dei	dao	dou	dan		dang	deng	dong	di		diao	die
t	ta		te			tai		tao	tou	tan		tang	teng	tong	ti		tiao	tie
n	na		ne			nai	nei	nao	nou	nan	nen	nang	neng	nong	ni		niao	nie
l	la		le			lai	lei	lao	lou	lan		lang	leng	long	li	lia	liao	lie
g	ga		ge			gai	gei	gao	gou	gan	gen	gang	geng	gong				
k	ka		ke			kai	kei	kao	kou	kan	ken	kang	keng	kong				
h	ha		he			hai	hei	hao	hou	han	hen	hang	heng	hong				
j															ji	jia	jiao	jie
q															qi	qia	qiao	qie
x															xi	xia	xiao	xie
zh	zha		zhe	zhi		zhai	zhei	zhao	zhou	zhan	zhen	zhang	zheng	zhong				
ch	cha		che	chi		chai		chao	chou	chan	chen	chang	cheng	chong				
sh	sha		she	shi		shai	shei	shao	shou	shan	shen	shang	sheng					
r			re	ri				rao	rou	ran	ren	rang	reng	rong				
z	za		ze	zi		zai	zei	zao	zou	zan	zen	zang	zeng	zong				
c	ca		ce	ci		cai		cao	cou	can	cen	cang	ceng	cong				
s	sa		se	si		sai		sao	sou	san	sen	sang	seng	song				
	a	o	e		er	ai	ei	ao	ou	an	en	ang	eng		yi	ya	yao	ye